Hermann Ieland

Neues Denken, neue Wege

Einsichten und Erkenntnisse für ein besseres Leben.

Impressum

Hermann Ieland
c/o AutorenServices.de
Birkenallee 24
36037 Fulda

ISBN: 9783757987787
Homepage: https://einsichten.eu
E-Mail: admin@einsichten.eu

Herstellung und Druck über tolino media GmbH & Co. KG, Albrechtstr. 14, 80636 München. Printed in Germany. Fragen zu Produktsicherheit an: gpsr@tolino.media.

Inhaltsübersicht

Vorwort: Vom Fließen zum Denken 1

Die Zeichen der Zeit 18

- Wie leben wir? – Lebensumstände 18
- Schein und Sein – Werbung 31
- Versprechen als Versprecher – Marken 34
- Dabei statt mittendrin – Medien 37
- Der wahre Wert – Waren 40
- Der Mensch im Spiel – Konsum und Leben 45

Neues Denken im Okzidenten 57

- Denken lenken 58
- Ein neues Maß 60
- Kaufen ist nicht leben 69
- Das Leben ist unsere Zeit 78
- Beziehungen sind das Leben 83
- Raus aus den alten Denkmustern 86
- Der Inhalt unseres Lebens 91
- Von der Einsicht zum Denken 103
- Was mache ich daraus? 111

Literatur 113

Autor 117

Unser Leben ist das,
wozu unser Denken
es macht.

(Marcus Aurelius)

Vom Fließen zum Denken

Panta rhei – alles fließt. Auch wir. Wir fließen durch unseren Alltag, durch die Jahre, durch unser Leben. In einem langen Entwicklungsprozess sind wir zu dem geworden, was wir heute sind: ein großes Experiment der Natur, das herausfinden wird, wie weit der Homo Sapiens in seiner körperlichen und geistigen Entwicklung kommt. Wir sind ein Experiment mit unbekanntem Ausgang – nicht mehr, aber auch nicht weniger. Es gibt nur einen feinen Unterschied zu künstlich erzeugten wissenschaftlichen Versuchsanordnungen: Wir sind Versuchsleiter und Versuchsobjekt zugleich. Wir können den Ausgang und die Perspektive eines kleinen Teils des großen Versuchs, der unser Leben ist, mit unserem evolutionär geformten Verstand beeinflussen und zumindest ein wenig lenken. Letztlich geht es bei diesem Experiment darum, wie wir uns in diesem Moment fühlen, wie wir die Gegenwart und die Vergangenheit bewerten und worauf wir zurückblicken werden, wenn wir unser eigenes Ablaufdatum, das Ende des Experiments, erreicht haben.

Manche sagen, dass das Leben, was die Vergangenheit betrifft, nur eine Summe von Erinnerungen sei. Wir produzieren also in der Gegenwart Ereignisse, an die wir uns im Nachhinein erinnern. Wir bewerten wahrgenommene Situationen in der Gegenwart in Abhängigkeit von unserer körperlichen und geistigen Verfassung, den situativen Umständen sowie den vermuteten

Konsequenzen aus der Vergangenheit und verändern sie im Nachhinein unbewusst durch Verklärung oder Umbewertung oder eben andere Interpretation. Diese Veränderung wird in der Zukunft nochmals mehrfach modifiziert, und so entsteht eine willkürlich veränderte subjektive Vergangenheit mit einer unterschiedlichen Summe an Erinnerungen, die sich im Laufe der Zeit durch Vergessen weiter reduzieren .Und die Gegenwart? Sie wird bestimmt von den vermuteten Konsequenzen der Vergangenheit, von psychischen Mustern aus der Kindheit, von neuen Umständen, von unserer körperlichen Verfassung und unserer Bewertung dieser Umstände. Empfundene äußere Verpflichtungen und Zwänge nötigen uns zu Handlungen, die wir sonst vielleicht nicht vollzogen hätten. Seien es soziale Verpflichtungen, Arbeit oder sonstige Lebensumstände.

Jeder Moment ist durchdrungen und gefärbt von unserer Wahrnehmung. Dabei gibt es keine Wahrheit oder Objektivität, sondern „nur" so viele subjektive Einzelwahrnehmungen, wie es Menschen gibt. Auch die Empirie taugt aufgrund von Interdependenzen und Abhängigkeiten nicht als Instrument der Wahrheitsfindung. Aus der Summe der subjektiven Einzelwahrnehmungen erschaffen wir uns unser Seelenleben, im bewerteten negativen oder positiven Sinne. Damit konstruieren wir unsere Gegenwart selbst. Neben dieser selbstbestimmten Bewertung unterliegen wir der unbewussten psychischen Beeinflussung unseres Körpers. Körper und Geist sind eins, miteinander verwoben. Sie kommunizieren ständig miteinander, ohne dass wir es merken. Neben der Psyche zeigt uns der Körper sehr direkt, wie es uns geht und wie wir uns fühlen.

Wir bewerten unsere Wahrnehmungen, entwickeln daraus Erkenntnisse und werden gleichzeitig in höchstem Maße von unserem Körper beeinflusst. Daraus ergeben sich der Gegenstand und der Inhalt unseres Lebens und die Art und Weise der Bewertung. Blickt man in die vermeintlich entwickelte westliche Welt und versucht zu erkennen, was genau Lebensinhalt der meisten Menschen ist, so ergeben sich interessante Aspekte. Mir scheint, dass die oben genannte Annahme, dass wir unser Leben, abgesehen von den physischen Einflüssen, selbst bestimmen, in der heutigen Zeit nur auf wenige charakterstarke und eigensinnige Menschen zutrifft. Wir könnten unser Leben gewiss bestimmen, aber wir tun es zu wenig oder zu selten. Der Mainstream folgt den bekannten Mustern: ein gut bezahlter Job, Familie, Haus, Freizeitgestaltung und Wohlstand. Damit geben sich die meisten zufrieden und werden alt. Vielleicht gibt es mal eine Trennung durch Scheidung, ein gesundheitliches Problem, vielleicht einen neuen Job, vielleicht einen Urlaub, vielleicht eine Auszeit. Aber oft ist es ein ähnliches Muster. Wir bilden uns weiter, suchen einen Partner, suchen einen passenden Job, bekommen Kinder, freuen uns oder ärgern uns über Mitmenschen, trennen uns, gehen zu Beerdigungen. Das ist sehr passiv. Die wenigen Menschen, die dieses Muster erkennen und durchschauen, beginnen sich zu fragen:

Bestimmen wir uns selbst oder werden wir bestimmt? Laufen wir selbst oder werden wir passiv geführt? Treffen wir freie Entscheidungen oder werden wir manipuliert?

Wenn ich mich umschaue und die von mir so bewerteten Verhältnisse sehe, gewinne ich den Eindruck einer immer weiter fortschreitenden Verflachung des geistigen Horizonts bei gleichzeitigem körperlichem Verfall. Der Bauch ist voll, der Kopf ist leer. Der geistige Tiefgang hat bei den meisten Menschen seinen Höhepunkt, wenn überhaupt, am Ende des Gymnasiums oder während des Studiums. Danach fällt er ab. Gezwungen, materiell zu überleben, das tägliche Brot und die Miete zu verdienen, berufliche Ziele zu erreichen, für die Familie zu sorgen oder sich als Sozialfall über Wasser zu halten, lenken viele Menschen davon ab, die stärksten Waffen einzusetzen, die sie haben: den eigenen Geist, das eigene Denken, die eigene Meinung und besonders das eigenen Handeln.

Die menschliche Energie, der eigene Fokus, das eigene Denken sind grundsätzlich nur begrenzt nutzbar. Wir sind evolutionär darauf trainiert, Energie durch Gewohnheiten und wenig denken zu sparen. Denken ist sehr unbequem und kostet viel Energie. Wenig denken macht das Leben viel einfacher, glauben viele Menschen. Folgen wir damit unserer evolutionären Grundprogrammierung? Oder sind wir nur satt und bequem geworden?

Wir scheinen den Zenit unserer Entwicklung überschritten zu haben. Wir verblöden und verfetten zunehmend, um es einfach und polarisierend auszudrücken. Es drängt sich das ungute Gefühl einer zunehmenden Degeneration von Geist, Verstand und Körper auf. Studien dazu gibt es viele, auch wenn die Seriosität mancher Untersuchungen zweifelhaft sein mag. Schaut man in die Medien, in die moderne Belletristik, hört man sich auf der Straße um oder betritt man einen Hörsaal, so erschüttert die Oberflächlichkeit und Banalität der verbreiteten Denkstrukturen. Ich glaube, dass wir uns viel zu leicht manipulieren lassen, dass wir Meinungen und Trends übernehmen und zu unseren eigenen erklären. Wir reflektieren zu wenig, ob Dinge und Meinungen wirklich zu uns passen, und hinterfragen zu wenig die Interessen derer, die diese verbreiten. Man kann es vielleicht so beschreiben, dass es so etwas wie „Themenläden" gibt, in denen man sich bedienen kann, was einem entspricht und gefällt. Man sucht sich aus, woran man glauben möchte. Verstehen ist dann weniger wichtig. Was man nicht versteht, das glaubt man einfach. Das Hinterfragen, der kritische Diskurs, der offene Meinungsaustausch und die daraus resultierende Toleranz leiden. Meinungen werden weniger gebildet, sondern eher gesucht. Einzelne Untergruppen versuchen ihre Interessen und Weltbilder populär zu machen, seien es Umweltaktivisten, Wirtschaftslobbyisten, Metoo-Anhänger, Politiker, ethnische Gruppen oder auch „der Verband der einarmigen Legastheniker". Die Liste ließe sich beliebig fortsetzen. Gruppen bewerten nach einfachen Grundideologien und man wird als eigenständig denkender Mensch, der nicht ganz dem Mainstream folgen will, schnell zur Zielscheibe von Diffamierungen. Man muss heute in öffentlichen Debatten sehr aufpassen, dass man mit seiner Meinung nicht irgendeiner Gruppe zu nahe tritt. Schnell gilt man als Rassist, Sexist, Schmarotzer, Yuppie, Narzisst, Opportunist oder Öko. Die Art der Diskussionen um Gendern, Rassismus, gesellschaftlichen Verwerfungen oder was auch immer lassen mich am gesunden Menschenverstand zweifeln. Denn letztlich sind es Scheindebatten, die niemandem wirklich nützen.

Aber was bedeutet Vernunft in diesem Zusammenhang? In einer eigenen Gedankenwelt gibt es sie eigentlich gar nicht. Denn dort ist nichts unvernünftig und nichts vernünftig, sondern eher passend oder nicht passend zur eigenen Einstellung. Alles wird im eigenen Kopf gemacht, wenn man ihn überhaupt benutzt. Wer andere Weltanschauungen negativer bewertet als die eigenen, stellt automatisch die eigene Weltanschauung in der Wertigkeit über die der anderen. Das kann man tun, aber es bringt einem selbst und den anderen nichts, außer vielleicht ein Gefühl der eigenen Überlegenheit sowie Streit. Entscheidend ist vielmehr, wie sich die geistige und körperliche Degeneration auf das Zusammenleben auswirkt. Die Chancengleichheit, der allgemeine Zugang zu den Errungenschaften der Gesellschaft wie körperliche Unversehrtheit, Sicherheit, Gesundheit, Bildung oder materielle Grundversorgung und eine eigene Meinung, ohne dafür diffamiert zu werden, leiden darunter. Der mediale Unfug hält Einzug in die Köpfe vieler Menschen, ob einfach oder elegant ausgedrückt, und hat Auswirkungen auf das soziale Umfeld. Schlechtere Gesundheitsversorgung, Verarmung, zunehmende Gewalt im öffentlichen Raum und vermeintliche Denk- und Meinungsverbote (und das in einem Land, das sich demokratisch nennt) unter Androhung von gesellschaftlicher Schelte und Angriffen sind hier nur einige Beispiele. Ein Satz wie der von Heinrich Heine: „Denk ich an Deutschland in der Nacht, dann bin ich um den Schlaf gebracht ...“ ist, wenn auch ins Gegenteil der eigentlichen Bedeutung verkehrt, aktueller denn je. Was ist die Folge? Viele Menschen fühlen sich zunehmend unwohl, halten ihre Meinung zurück, führen keine offenen Diskussionen mehr, entwickeln Angst und ziehen sich zurück. Gruppen und Milieus bilden sich.

Viele wissen selbst nicht genau, was mit uns geschieht. Wir nehmen das immer unangenehmer werdende Gefühl der inneren Leere wahr, die zunehmende Unlust und Unfähigkeit zur Konzentration, die Abnahme des Fleißes, die Abnahme des abstrakten Denkens, die Zunahme körperlicher Beschwerden und die wachsende Unzufriedenheit bis hin zur psychischen Erkrankung. Der Gedanke, dass die nachwachsende Generation in ihren Denk- und Verhaltensweisen immer schlechter und fehlerhafter wird, ist so alt wie die Menschheit selbst. Schon Aristoteles äußerte sich kritisch über den Nachwuchs:

„Ich habe überhaupt keine Hoffnung mehr in die Zukunft unseres Landes, wenn einmal unsere Jugend die Männer von morgen stellt. Unsere Jugend ist unerträglich, unverantwortlich und entsetzlich anzusehen."

Das Beunruhigende an der heutigen Zeit ist jedoch, dass auch die ältere Generation degeneriert. Was geschieht mit uns? Ist dies der nächste evolutionäre Schritt, der nach dem Zenit der intellektuellen Höchstleistung und der optimalen Entwicklung unseres Körpers und unseres Gehirns bis zum Beginn der 50er Jahre folgt? Dies zeigt sich in den steigenden Krankheitsraten, den schwächeren intellektuellen Leistungen von Schülern und Studenten sowie der abnehmenden körperlichen Verfassung breiter Bevölkerungsschichten. Sind wir es selbst, indem wir uns mit unserem Streben nach Bequemlichkeit und bevorzugter Gedankenlosigkeit aus dem evolutionären Muster des Energiesparens heraus selbst schaden? Ich denke, dass beides ein wenig zutrifft, aber der dritte wichtige Grund ist wahrscheinlich ein anderer. Ich glaube, dass wir durch unser wirtschaftliches, technisches und politisches Umfeld immer mehr in die Unmündigkeit geführt werden. Denken, kritisches Hinterfragen und selbstständiges Entscheiden sind heute nicht mehr gefragt und schon gar nicht von den Regierenden in Staat und Wirtschaft erwünscht. Vieles wird uns von unseren technischen Helfern und Dritten abgenommen, wir werden unselbstständiger. Wir dürfen politisch nicht mitentscheiden, weil das Volk, so Helmut Kohl bei der Einführung des Euro, „solche wichtigen Entscheidungen intellektuell nicht fällen kann". Wie auch? Die Bevölkerung wird durch den Abbau des Bildungskanons politisch gewollt entmündigt, bevormundet und verdummt. Verdummen bedeutet in diesem Zusammenhang ein stupides Anhäufen von nutzlosen Informationen und sinnlosem Besitz, ohne jegliche kritische Reflexion auf Inhalt, Nutzen, Vertrauenswürdigkeit und Erkenntnispotenzial für das eigene Leben. Wir werden zu Stimmvieh degradiert. Uns wird in diesem pseudodemokratischen Umfeld einer vermeintlichen Volksmacht nur die Auswahl, aber eben nicht die Mitentscheidung oder -bestimmung angeboten. Mehr dürfen wir nicht. In einem deutschen Gerichtsgebäude habe ich einmal auf einem Bild den Satz von Romain Rolland gelesen:

„Demokratie, das ist die Kunst, sich an die Stelle des Volkes zu setzen und ihm feierlich in seinem Namen, aber zum Vorteil einiger guter Hirten, die Wolle abzuscheren."

Wir werden zu Konsumenten von materiellen Gütern und inhaltsleeren Informationen degradiert, auf einer endlosen Jagd nach dem nächsten vermeintlich (kleinen) Glücksgefühl. Der Wirtschaft sollen wir dafür unser einziges wirkliches Gut, unsere Lebenszeit, geben, damit am Ende mehr Geld in den Taschen der „guten Hirten" im Sinne von Staatsdienern, Aktienbesitzenden, Banken, leitenden Angestellten und Geschäftsinhabern verbleibt. Damit diese sich ihre Restlebenszeit früher sorgenfrei versüßen können, während das Stimm- und Konsumvieh sich selbst um kleine Grashalme sorgen und streiten muss. Es ist eine Ironie des Schicksals, dass gerade diese Menschen mehr oder länger arbeiten als andere und sich oft nicht die Zeit nehmen, die Früchte ihrer Arbeit zu genießen. Ich habe das selbst in Saint Tropez beobachtet. Ich unterhielt mich mit einem der Hafenarbeiter im Yachthafen über die Luxusyachten. Er erzählte mir, dass ein Großteil dieser Yachten das ganze Jahr über nur sehr wenig genutzt wird und einfach vor Anker liegt. Es fehle denen die Zeit, meinte er.

Wir verwenden zu viel Zeit auf Erfolg und berufliche Ziele. Wir haben den Anspruch, gute Arbeit zu leisten, und beuten uns dabei allzu oft selbst aus. Wir verprassen die Früchte unserer Anstrengungen mehr oder weniger gedankenlos und fragen uns immer öfter, was wirklich zählt. Interessant ist auch, dass viele Menschen sehr sparsam mit ihren materiellen Ressourcen umgehen, nicht aber mit ihrer Lebenszeit. Diese wird oft gedankenlos mit Ablenkung durch Medien verschwendet.

Auch ich habe diese Erfahrung gemacht. Kurz vor einem Burnout riss ich die Sicherheitsleine und zog mich für einige Zeit in ein deutsches Benediktinerkloster zurück. Ich erkannte die Schönheit der Stille und die Perspektive eines geistigen Lebens. Obwohl ich als Agnostiker dies nicht mit einer bestimmten Religion in Verbindung bringe, erkannte ich damals als erste Orientierung die Schönheit des abstrakten Denkens. Diese Schönheit in Verbindung mit einer intakten Natur, einer ruhigen Umgebung und innerem Frieden erscheint mir bis heute als ein wichtiges Lebensziel. Eine weitere entscheidende Erkenntnis habe ich nach meinen Besuchen in New York und in der Sahara gewonnen. Diese völlig unterschiedlichen Lebenswelten und die damit verbundenen massiven Unterschiede in der materiellen Versorgung und im psychischen Wohlbefinden haben sich tief in meine Gedankenwelt eingeprägt. Obwohl man das Gegenteil erwarten würde, ging es mir in der Sahara viel besser als im vermeintlich fortschrittlichen New York. Ich erkannte, dass die Freiheit, die Stille, die Ruhe und letztlich der damit verbundene Frieden mir viel mehr Erfüllung bringen als die materielle und mediale (Über-)Versorgung, die den Menschen letztlich übergewichtig und depressiv macht. Ich erkannte, dass trotz oder gerade wegen widriger Umweltzustände und wenig Besitz das Leben innerlich reicher, zufriedener und friedvoller werden kann. Ich denke es lag einfach daran, dass ich mehr fokussiert war durch weniger Einflüsse von außen.

Das hat meine Denkstruktur für meinen damaligen Entwicklungsstand völlig verändert. Bisher überzeugt vom eigenen Leistungsdenken und den damit vermeintlich verdienten Annehmlichkeiten unserer scheinbar fortschrittlichen materialistischen Wohlstandsgesellschaft, fragte ich mich, was eigentlich die Voraussetzungen für eine beständige Gelassenheit und damit für einen ausstrahlenden inneren Frieden sind. Die Antwort auf die entscheidende Frage, was diesen Frieden ausmacht, ist für mich ganz einfach: die eigene Anspruchslosigkeit, der Gleichmut und eine Gelassenheit, die auf innerer Ausgeglichenheit beruht. Das bedeutet, egal was passiert, eine positive Einstellung zur Welt. Der Schlüssel liegt darin, sich nicht ungewollt und unreflektiert beeinflussen zu lassen. Ich erkannte, dass unsere Gesellschaft und Wirtschaft genau diese essenzielle Voraussetzung und die damit verbundenen Charaktereigenschaften nicht wünschen, denn nachdenkliche, besonnene und damit zufriedene Menschen sind der Feind unserer heutigen oberflächlichen Konsumgesellschaft. Sie kaufen nicht gerne, sie begnügen sich mit dem, was sie brauchen, und sie arbeiten, um zu leben und nicht umgekehrt. Sie fragen nach dem tatsächlichen Nutzen und nicht nach dem Inhalt von Marketingmärchen. Diese Erkenntnis, dass unsere Arbeitswelt und Konsumwirtschaft nicht uns, sondern sich selbst in den Mittelpunkt stellt, hat mich dazu bewogen, zumindest einige dieser Themen, den Konsum, die Gesellschaft und die Wirtschaft, näher zu beleuchten.

Es gibt viele verschiedene Ansätze der Konsumkritik, die alle ihre Berechtigung haben. Nach der mehr oder weniger direkten Konsumkritik in fast allen Religionslehren griff Karl Marx, der sich auf die politische Dimension der Kapitalismuskritik bezog, das Thema in der fortschreitenden Industrialisierung auf. Die Frankfurter Schule in Gestalt von Adorno, Fromm, Marcuse, Horkheimer etc. entwickelte daraus ihr neomarxistisches Theoriegebäude der Sozialforschung, indem sie die ursprünglich marxistischen Gedanken auf die Gesellschaft der 70er Jahre übertrug und die beginnende Kommerzialisierung kritisierte. Weitergeführt wurde die Konsumkritik von der Ökologiebewegung, die auf die Umweltbelastung und die begrenzten Ressourcen hinwies, ohne nach den gesellschaftlichen Ursachen zu fragen. Wieder aufgenommen wurde die Konsumkritik durch die Konzernkritik und die damit verbundene antikonsumistische revolutionäre Haltung gegenüber unserer Warenkultur. Nach vielen weiteren Strömungen wie Marken- und Medienkritik, individuellen Gesellschaftskritiken wie dem Infantilismus, Entrümpelungsliteratur wie „Simplify your life", der Feng-Shui-Bewegung oder Mari Kondo und psychologischen Analysen geht der aktuelle Trend dahin, Konsum neurologisch zu erklären oder auf den Fortgang der Evolution zu beziehen. Nach mehrjähriger intensiver Beschäftigung mit den meisten dieser Theorien komme ich zu dem Schluss, dass alle diese Erklärungsversuche eine gewisse Gültigkeit besitzen. Aber keine erfüllt sie vollständig, sondern nur zu einem mehr oder weniger kleinen Teil. Konsumkritik ist wie ein Puzzle, das sich aus vielen Einzelteilen zusammensetzt. Viele dieser Einzelteile sind mehr oder weniger klar und eingängig beschrieben. Aber was hat das gebracht? Haben wir uns klüger verhalten oder sind wir gar bescheidener geworden? Oder leben wir seitdem in perfekt aufgeräumten Wohnungen? Oder arbeiten wir deshalb weniger? Ich habe nicht den Eindruck, sondern meine, in meiner näheren und weiteren Umgebung das Gegenteil zu beobachten. Die Menschen dort verfallen immer mehr dem Konsumkreislauf in immer schnelleren Zyklen oder werden unbewusst dazu gedrängt. Auch das wirtschaftliche und soziale Umfeld lässt uns nicht zur Ruhe kommen. Inflation, politische Instabilität, Gesundheits- oder Wirtschaftskrisen hindern uns daran, uns auf uns selbst zu besinnen. Wir befinden uns im evolutionären Überlebensmodus. Wir balancieren von Krise zu Krise, ob sie nun von außen kommen oder in uns selbst liegen. Der Konsum in der Gegenwart dient als Kompensation für die Krisen und Mühen des Alltags. Oft höre ich in meinem Bekanntenkreis: „Warum soll ausgerechnet ich verzichten, während die anderen in Saus und Braus leben?" oder „Solange es noch geht oder das Ding X noch da ist, nehme ich, was ich kriegen kann" oder „Das Leben ist zu kurz, um auf etwas zu verzichten" oder „Ich allein kann sowieso nichts ändern". Das ließe sich beliebig fortsetzen. Ich glaube auch, dass sich das mit zunehmendem Alter und intensiver beruflicher oder familiärer Einbindung noch beschleunigt. Ich beobachte, dass das bis zu dem Lebensalter geht, in dem man sich der eigenen Endlichkeit bewusst wird. Dann wird aussortiert.

Aber ist das nicht absurd? Man ver(sch)wendet seine Lebenszeit für das Ansammeln von Zeug, um es gegen Ende eben dieser wieder wegzugeben? Warum fällt es uns so schwer, aus diesem Kreislauf auszubrechen? Sind es die evolutionären oder erlernten Muster? Die Bequemlichkeit? Die eigene Unmündigkeit?

Der Fehler aller Theorien und Argumentationen zu diesem Thema ist ihr Anspruch auf Allgemeingültigkeit. Menschen lassen sich aber nur schwer oder gar nicht kategorisieren, zusammenfassen und schon gar nicht von Dritten verändern. Veränderung kann nur aus dem Menschen selbst kommen, durch sein eigenes Wollen, Entscheiden, Denken und vor allem durch sein eigenes Handeln. Der Denkfehler aller bisher veröffentlichten konsumkritischen Positionen ist, dass sie sich auf die Folgen menschlichen Handelns beziehen, Einzelaspekte betrachten, belehren und die Gesellschaft als Ganzes analysieren, statt sich der Grundlage all dessen, den Denkstrukturen, zu widmen. In dem begrenzten Rahmen des jeweiligen Themengebietes beleuchten sie die Sachverhalte mehr oder weniger intensiv und sind teilweise gültig. Ich wage nicht, auch nur einen dieser Ansätze zu kritisieren oder als nicht zielführend zu bezeichnen. Ich meine aber, dass man sich der Konsumkritik über den Weg der menschlichen Erkenntnis nähern sollte

Wahrnehmen, Beurteilen, Reflektieren, Erkennen, Erinnerungen verknüpfen und integrieren in das eigene Leben

Jeder Mensch tut dies individuell und subjektiv. Auch ich kann mich nur in meiner eigenen subjektiven Gedanken- und Erkenntniswelt bewegen und aus dieser heraus sprechen. Ich werde daher meine Erkenntnisse höchst subjektiv darstellen, ohne Ratgeber sein zu wollen. Ich wünsche mir, dass meine Wahrnehmungen und Bewertungen Auslöser für neue und andere Gedanken des

Lesers werden, die vielleicht auch in eine ganz andere Denkrichtung gehen können. Die vorliegenden Erkenntnisse sind als Nährboden gedacht. Die (Gedanken-) Pflanze des Lesers kann und soll individuell daraus wachsen. Ich beschreibe zunächst, wie sich mir die Konsumentenwirtschaft darstellt und wie ich sie wahrnehme. Unter welchen Bedingungen leben wir? Was kommt auf uns zu? Wie werden wir manipuliert? Wem können wir vertrauen, was soll uns eingeredet werden? Wie funktionieren diese Mechanismen? Was ist Konsum und wann wird Verbrauch zum unreflektierten Konsum? Ich frage, welche Auswirkungen dies auf unser alltägliches individuelles Denken und Handeln hat. Wie reagieren wir auf dieses Konsumumfeld? Welche Verhaltensweisen ergeben sich daraus? Wie gestalten wir damit unser Leben? In einem zweiten Schritt möchte ich die daraus resultierenden Denkweisen analysieren, alte Denkmuster aufdecken und alternative Denkansätze anbieten. Denn das ist die Grundthese dieser Arbeit:

Die Art und der Umfang unseres Denkens bedingen und prägen, neben den körperlichen Einflüssen, unser Handeln und damit auch unseren Konsum. Die Grundlage jeder Konsumanalyse bezieht sich auf unsere bewertete Wahrnehmung der Umwelt, die Konsequenzen für uns und die daraus resultierenden Erkenntnisse für uns selbst.

Ich verfolge mit diesem Werk keine andere Absicht, als einen Beitrag zu einer anderen und damit vielleicht für den einen oder anderen neuen Denkweise vorzustellen, aus der sich eine andere oder alternative Gewohnheit und damit eine eigenständige und aktive Lebensweise entwickeln kann, ganz nach der Individualität des Lesers. Ein neues Denken als Grundlage für ein etwas selbstbestimmteres Leben.

Die Zeichen der Zeit

Wie leben wir?

Unser Alltag und unser Leben sind von der Wirtschaft geprägt. Konsum ist jederzeit und fast überall möglich. Früher diente die Wirtschaft der Befriedigung unserer Grundbedürfnisse und brachte uns gefühlten Wohlstand, Fortschritt und eine höhere Lebenserwartung. Der Kurs unserer Wirtschaft ist von jeher nach oben, nach mehr und nach größer ausgerichtet. Der Verbraucher ist der Mittelpunkt, um den herum unsere Welt gebaut ist. Die äußere Form unserer Wirtschaft verändert sich in raschem Tempo. Waren es früher unabhängige Einzelgeschäfte, Einzelunternehmer oder Kaufhäuser, so sind es heute Konzerne, Ketten, Plattformen und Franchise-Unternehmen, die unsere Wirtschaft bestimmen. Es drängt sich jedoch die Frage auf, ob und wie die Wirtschaft heute, wo die Märkte gesättigt, die Menschen satt und die Bedürfnisse befriedigt sind, überhaupt noch eine Daseinsberechtigung haben kann. Die elementaren Grundbedürfnisse aller Menschen könnten heute erfüllt werden, wenn wir die Ungleichverteilung beseitigen würden. Wir erleben den Wandel von der Produktions- zur Konsumwirtschaft. Es zeigt sich sehr deutlich, dass die Wirtschaft nicht mehr uns dient, sondern sich selbst, sprich den Kapitalgebern, den Inhabern, den Führungskräften und der Staatskasse. Unter dem Vorwand, uns Glück und Heil durch materielle Güter zu bringen, bewegt sie uns dazu, ihr unser wichtigstes Gut, unsere Lebenszeit, zu opfern. Wir arbeiten, um sie am Leben zu erhalten. Sie lenkt uns dabei in hohem Maße. Durch das Warenangebot werden Bedürfnisse geweckt, Wünsche erzeugt und vermehrt. Sie entstehen nicht aus uns selbst. Uns wird gesagt, was (angeblich) gesellschaftlich notwendig sei und was wir kaufen sollen. Die Nachfrage entsteht daraus. Dabei spielt es keine Rolle, ob wir die angebotenen Güter brauchen oder nicht. Es wird immer mehr produziert und angeboten, als wir wollen und brauchen, um bei Sättigung die Produktion zu auf neue Varianten umzustellen. Der letztendliche Nutzen der Produktion liegt eindeutig bei den Unternehmen durch den von uns bezahlten Mehrwert. Der Mehrwert ist jedoch das größte Märchen unserer Zeit. Den Mehrwert im Sinne des Endverbrauchers gibt es eigentlich gar nicht. Er existiert nur in unseren Köpfen. Indem wir den Dingen gedanklich Sinn und Nutzen zuschreiben, erschaffen wir unsere Zahlungsbereitschaft. Mit jedem Kauf von Produkten verteilen wir Kapital von unten nach oben. Denn mit jedem Kauf verliert der gekaufte Gegenstand unmittelbar an Geldwert, weil kein Mensch mehr als den Neupreis für gebrauchte Gegenstände ausgeben würde, sodass am Ende das ausgegebene Geld verloren ist. Der angebliche Wert ist unsere Annahme, was andere bereit wären für ein Gut zu zahlen. Dies können wir aber gar nicht wissen und ist eine reine Fiktion und wird in den meisten Fällen falsch sein. Daher ist der Wert eine reine subjektive und persönliche Wertbeimessung von uns. Relevant kann im Sinne eines Wertes doch nur sein, welchen Beitrag eine Sache zu unserer Zufriedenheit hat. Es geht letztlich darum, dass wir uns auf diejenigen Dinge fokussieren, die unsere Grundbedürfnisse erfüllen oder eben unserer Zufriedenheit sehr merklich zuträglich sind. Dies betrifft eben nicht den Grad der Seltenheit, der Exklusivität oder des Preises. Dinge sollten uns nicht abgrenzen, besonders machen oder uns besser gegenüber Dritten dastehen lassen.

Wir sehen uns zunehmend einem massiven Kaufzwang ausgesetzt, wobei uns nur die Wahlfreiheit zwischen verschiedenen Gütern zugeteilt wird. Alles wird verkäuflich gemacht. Wir haben nicht mehr die Wahl, sondern nur noch die Auswahl. Oft wird uns nicht mehr die Entscheidung überlassen, ob wir überhaupt kaufen wollen oder ob wir unsere Bedürfnisse nicht auch anders befriedigen können. Der zusätzliche Nutzen für den Menschen durch weitere Produktion nimmt jedoch stetig ab, das Gesetz vom abnehmenden Grenznutzen. Unsere Wirtschaft funktioniert nur, weil sie uns das Glück vorgaukelt, und uns aufzeigt, dass wir nicht genug haben und uns ängstigt. Dabei zeigt sich die ernüchternde Tatsache, dass wir das künstlich erschaffene Glück nie erreichen, weil immer noch etwas fehlt, etwas Neues auf den Markt kommt und neue Wünsche entstehen, bevor wir die alten erfüllt haben. Und genau das ist der Trick, mit dem unsere Wirtschaft uns dazu bringt, weiter nach dem Glück zu jagen. Sie schafft neue Wünsche und Bedürfnisse nach materiellen Gütern und Dienstleistungen von außen, indem sie tiefe menschliche Bedürfnisse und Gefühle mit käuflichen Gütern verbindet. In den Werbebildern wird dies sehr deutlich. Sei es, indem sie uns einredet, dass unsere Gesellschaft dies erfordert oder dass es für das absolute Wohlbefinden oder die Anerkennung unerlässlich sei. So leben wir in einer Maschinerie der Erzeugung neuer Wünsche und Bedürfnisse, die unsere Wirtschaft bereitwillig befriedigt und für einen hohen Preis, unsere Lebenszeit, erfüllt. Die natürliche Folge sind Unzufriedenheit, Leere und das empfundene Unglück, da sich das versprochene Glück nicht einstellt. Denn wie können tiefer liegende menschliche Bedürfnisse mit materiellen Gütern befriedigt werden? Gar nicht!

Glück an sich ist ein Zufallsergebnis, ein vorübergehender Gemütszustand. Das empfundene Unglück wird zum Anlass für weitere Bedürfnisse und damit für den Konsum, der wiederum unsere Wirtschaft antreibt. Unsere Wirtschaft benennt menschliche Bedürfnisse in Konsumbedürfnisse um, sie stiehlt uns unsere Zeit durch Arbeit, durch den Kauf selbst, durch den Gebrauch, durch Ersatz- und Ergänzungskäufe, durch Kredite und durch die Entsorgung. Sie gaukelt uns die Wahlfreiheit unserer Kaufentscheidungen vor, während der Kauf und das erworbene Produkt gleichzeitig immer mehr reale Freiräume einschränken. Oft ist die Kaufentscheidung die letzte wirkliche Scheinfreiheit, die wir haben. Sie verspricht uns Gefühle und Bewertungen, die sie aufgrund der subjektiven Einschätzung der Konsumenten nie halten kann. Sie infantilisiert den Konsumenten und verführt ihn zu unüberlegten, unreflektierten und impulsiven Käufen. Wir werden wie Esel behandelt, denen man ständig die Karotte vor die Augen hält. Wir sollen uns die Gewohnheiten von Kindern wieder aneignen, die gedankenlos nach jeder Konsummöglichkeit greifen, auch wenn die angebotenen Waren bei näherer Betrachtung eigentlich nutzlos sind. Wir sollen ohne klaren Sinn und Verstand kaufen.

Ein weiteres sehr zweifelhaftes Argument für suggerierten Konsum ist, dass wir aus Solidarität mit unserer Wirtschaft oder bestimmten Unternehmen kaufen sollen. Die Politik unterstützt dies durch Appelle oder Programme, wie z.B. die Senkung der Mehrwertsteuer, Förderungen oder diverse Abwrackprämien. Der Konsument ist nicht mehr souverän, er wird immer mehr manipuliert, gelenkt, gegängelt und bevormundet.

Die Wirtschaft konstruiert neue Wünsche, die nicht mehr unserer menschlichen Natur und unseren wahren Bedürfnissen entsprechen. Dauerhafte Zufriedenheit bedeutet Stagnation und ist damit schädlich für unsere Wirtschaft und damit für die Staatseinnahmen. Die Wirtschaft schafft, was keiner Diktatur und keiner Regierung gelungen ist: Sie bringt uns dazu, Dinge zu tun, ohne dass wir merken, dass dies nicht unserem eigenen Willen entspringt. Der freie Wille wird uns langsam, aber sicher immer mehr genommen. Die Scheinheiligkeit einer heiligen

(Waren-)Welt und die Diskrepanz zwischen der Realität und dem vermittelten Bild beim Konsumenten nehmen zu. Das psychische und physische Wohlbefinden der Menschen hat in diesem Spiel keine Relevanz. Wir werden gleichzeitig zu Tätern und Gefangenen in einem sozialen und ökologischen Selbstmordprogramm, das durch unseren Konsum genährt wird.

Unsere Wirtschaft hat tiefgreifende Auswirkungen auf unsere Gesellschaft. Obwohl der Begriff Gesellschaft unscharf ist, umfasst er die folgenden Gruppen: Freunde, Familie, Kollegen und Fremde, mit denen wir mehr oder weniger häufig zu tun haben. Wir nehmen Erwartungen, vorgelebtes Verhalten und Lebensbeispiele wahr und ziehen daraus Schlüsse für unseren Platz im gesellschaftlichen Leben, in dem der Konsum eine wichtige Rolle spielt.

Wie verhält sich die Gesellschaft heute gegenüber dem Individuum? Durch das Warenangebot wird die Gesellschaft zum Geldverdienen, zum Wirtschaften, zum Konsumieren und damit zum Steuerzahlen angehalten. Der Konsum ist der Mitgliedsbeitrag, den wir zu zahlen haben. Es herrscht vor allem ein Ethos, der uns auf Leistung trimmt. Gleichzeitig macht uns die Gesellschaft Angst vor der Zukunft, schärft uns das Streben nach mehr ein und animiert uns, im Augenblick zu konsumieren, ohne an unsere wirklichen Bedürfnisse zu denken. Der Messpunkt für Status ist für viele Menschen der materielle Besitz. Wenn man Dinge besitzt und zeigt, werden einem Menschen vermeintlich positive Eigenschaften, Kompetenzen und Attributen zugeschrieben, die vielleicht gar nicht vorhanden sind.

Mehr noch: Wir konsumieren aus Langeweile und Unzufriedenheit. Wir wollen unsere wahren Bedürfnisse stillen, die die Wirtschaft nicht zu befriedigen vermag. Diese Bedürfnisse sind meiner Ansicht nach Austausch, soziale Eingebundenheit, Sicherheit, das grundlegende leibliche Wohlergehen, Selbsterkenntnis und Selbstverwirklichung. Wir werden mit Status und vermeintlichem Prestige belohnt, wenn wir uns den gesellschaftlichen Normen anpassen und uns von ihnen formen lassen. Wir werden angeleitet, genötigt, gedrängt und überredet, uns zu vermarkten, um einen bestimmten Status in der Gesellschaft und die damit verbundenen Eigenschaften zu erlangen. Luxus, Ansehen, Prestige und Akzeptanz sind die Ziele dieser Bemühungen, die möglichst auffällig demonstriert werden sollen. Die Befriedigung wird dabei allein durch die positive Lohn- und Einkommensdifferenz zu den direkten Vergleichsgruppen erreicht. Der Vergleich mit dem sozialen Umfeld und die Identifikation mit höheren sozialen Gruppen sind dabei die Triebfedern. Die Instrumente dafür sind sehr vielfältig. Seien es Moden, Statussymbole, Verhaltensweisen etc. Diese Symbole versprechen und schaffen neue Identitäten mit einer starken Außenorientierung auf das nähere Umfeld. Entscheidend ist dabei, inwieweit die Klaviatur anerkannter Konsumcodes sozialer Zugehörigkeit erkannt, erworben und gespielt werden kann. Diese Symbole, als sozial gelebte Rangattrappen und Geld im Allgemeinen, dienen als Eintrittskarte in eine Gruppe, deren Stellenwert man ihr zuschreibt. Dies muss jedoch nicht zwangsläufig von den anderen Mitgliedern genauso gesehen werden.

Der Wunsch nach Zugehörigkeit und der Vergleich mit bestimmten Gruppen ist ein sehr starkes Instrument der Sinnstiftung. Die Ökonomie hat alles dafür getan, dass nur sehr teurer und exklusiver Besitz zur sozialen Distinktion genutzt werden kann und dem Wert zugeschrieben wird. Wir definieren unsere soziale Position über das, was wir kaufen, und folgen im Kaufen und Besitzen dem Wettbewerbsgedanken. Dabei entsteht ein Mitläufereffekt: Wir streben nach dem, was andere als erstrebenswert erachtet haben. Wir schaukeln uns selbst hoch. Wohlstand, Reichtum und rasanter technischer Fortschritt werden uns vorgelebt. Wir werden unglücklich, weil wir das vermeintliche Ziel nie zufriedenstellend erreichen. Rastlosigkeit ist eine weitere Folge. Fast alle Lebensbereiche haben heute direkt oder indirekt mit Konsum und der Trophäenjagd nach neuen Distinktionsgütern zu tun.

Wenn man unsere Gesellschaft genauer betrachtet, stellt man fest, dass wir unsere Freiheit durch immer mehr Bevormundung und Reglementierung verlieren. Immer mehr muss beachtet, immer mehr Regeln müssen befolgt werden. Wir geben immer mehr eigene Entscheidungen ab und folgen im unreflektierten Herdentrieb den Entscheidungen anderer. Wir verlieren das Mitgefühl und die Sensibilität für andere Menschen und entfremden uns, wodurch unsere Gesellschaft zerbricht und sich polarisiert in die Gruppe derer, die es geschafft hat, dem Diktat von Erfolg und Status zu folgen, und die Gruppe derer, die daran gescheitert ist. Die Schere zwischen den Wohlhabenden, die dem Konsum in all seinen Formen frönen, und den relativ Armen, die sich nur das Nötigste zum Leben leisten können, klafft immer weiter auseinander. Menschen, die aufgrund ihrer Armut keinen Zugang zu Gütern haben, fühlen sich im sozialen Vergleich benachteiligt. Neid ist die logische Folge, auch aus der Perspektive, dass man sich immer an den noch wohlhabenderen Menschen orientiert. Besonders ausgeprägt ist die Neidgesellschaft hier in Deutschland. Neid schlägt irgendwann um in Resignation oder offene Gewalt. Es gibt bestimmte Gegenden in deutschen Städten, in denen regelmäßig Autos brennen oder bürgerkriegsähnliche Zustände herrschen. Der Sinn für das Gemeinwohl geht verloren und gipfelt darin, dass das Gemeinwohl ganz verschwindet, die Menschen sich individualisieren und sich stark auf ihr Privatleben konzentrieren oder offene Aggression auf der Straße oder in Freibädern zeigen. Interessant ist dabei, dass viele Menschen eine Doppelmoral entwickeln. Für den egoistischen Vorteil wird der Schaden für die Gesellschaft in Kauf genommen. Hier will der Einzelne nicht verzichten, während alle anderen sich zugunsten der natürlichen und sozialen Umwelt verhalten sollen. Die Art und Weise, wie die Wirtschaft unsere Gesellschaft verändert und schädigt, hat negative Auswirkungen auf uns alle. Unsere Mündigkeit und unser intellektueller Fortschritt werden massiv untergraben durch Infantilisierung, mediale Passivität, Dogmen und konsumistische Ablenkung. Geistig verarmte Menschen, die sich in ihre eigenen vier Wände zurückziehen und nur noch über Konsum und Fernsehen an unserer Gesellschaft teilnehmen, sind die Folge. Mündigkeit, Einsicht und Vernunft werden in unserer Spaß- und Wirtschaftsgesellschaft weder vorgelebt noch eingefordert. Im Gegenteil, diese Ideale sind in unserer verordneten Lebenswelt der Feind. Die Art der Kommunikation verläuft rein passiv als Einbahnstraße vom Medium zum (gleichgeschalteten) Individuum. Debatte, Dialog und Diskurs bleiben folgenlos. Kritische Stimmen werden unterdrückt, gemobbt, bewusst missverstanden oder diskreditiert. Wir sind eine Zuschauerdemokratie geworden. Unsere Konsumgesellschaft verliert den Schöngeist, die Tiefe, den Zusammenhalt und die Solidarität.

Die Leere, die sich in unserer Gesellschaft ausbreitet, ist das Ergebnis bestimmter Entwicklungen. Tiefer liegende und schwer zu beschreibende Bedürfnisse nach direktem Kontakt, Austausch und Zusammensein sollen durch oberflächliche und kurzfristige Bedürfnisse und Maximierung der Lustbefriedigung erfüllt werden. Die versprochenen Rückzugs- und Erholungsorte erweisen sich dabei oft als vergeblich, weil sie nicht erreicht werden oder sich in einer hektischen und immer komplexer werdenden Umwelt ins Gegenteil verkehren. Das geht so weit, dass auch diese Orte, wie Wälder, Parks, Seen, Küstenabschnitte oder Flussufer zur Ware werden und käuflich sind. Egoismus, Selbstsucht, Niedertracht und Gier sind das Ergebnis dieser gesellschaftlichen Rahmenbedingungen und treten früher oder später zwangsläufig auf.

Unsere Kultur ist ökonomisch orientiert. Wir kaufen gelebte Kultur, sei es in Filmen, Büchern, Festen oder Veranstaltungen. Wir leben in einem festen Ablauf und Rhythmus von Festen, die wir feiern, indem wir die notwendigen Accessoires konsumieren. Unsere Rituale und unser traditioneller Glaube sind mit Kaufhandlungen verbunden, und inzwischen ist der eigentliche Inhalt durch das materielle Beiwerk ersetzt worden. Dieses materielle Beiwerk ist in unserem sozialen Umfeld so überidealisiert, dass es die sozialen und individuellen Besonderheiten in Vergessenheit geraten lässt. Besonders kann man das an Weihnachten beobachten. Das bedeutet, dass nicht mehr der Sinn eines Festes wichtig ist, sondern die Objekte, die damit verbunden sind. Der Mensch wird in unserer Kultur nur noch als Kaufkraftpotenzial gesehen und in die alleinige Rolle des Konsumenten gedrängt. Der materielle Wohlstand gilt als Garant innenpolitischer Stabilität, indem die Versorgung mit Gütern die innere Ruhe herstellt und die Medien die Menschen durch Dauerbeschallung und Gehirnwäsche ruhigstellen. Der Warenerwerb und -konsum ist die einzig geforderte Bürgerpflicht und wird als Mittel der staatsbürgerlichen Sinnstiftung dargestellt. Traditionelle Ideale, ob man sie nun gutheißt oder nicht, treten in den Hintergrund.

All unser Glück und das Ziel all unseres Strebens sollen im Erreichen höherer materieller Ebenen liegen. Alles andere, was den Menschen zum Menschen macht, verliert an Bedeutung. Unsere Freiheit wird immer mehr kontrolliert und reglementiert. Unsere Bildung verschlechtert sich. Nachdenkliche und gebildete Menschen sind schlechte Konsumenten. Deshalb wird Bildung politisch gewollt vernachlässigt. Unser Bildungssystem zielt auf ein unkritisches Spaß-, Konsum- und Steuerzahlerproletariat.

Wir verlieren Vorbilder. Wir haben nur noch Scheinberühmtheiten, die uns mit ihren Skandalen und Affären unterhalten. Reale Bezugspunkte und Vorbilder, an denen wir uns orientieren können, die uns inspirieren, haben wir nicht mehr, denn auch sie sind längst durch unsere Konsumgesellschaft zum Schweigen gebracht oder ersetzt worden oder mittlerweile gestorben.

Die Struktur der Wochentage löst sich auf, sodass wir an jedem Tag und zu jeder Uhrzeit unser Geld ausgeben können. Unsere Freizeit wird immer mehr zur Konsumzeit, in der wir einkaufen oder uns über Dinge informieren, die wir kaufen wollen. So werden wir zum Spielball einer unreflektierten Wunschorgie, die uns ständig von einem Bedürfnis zum nächsten treibt, während unser relativer Wohlstand im Vergleich zur Nachkriegsgeneration sinkt. Das zeigt sich in der Zunahme des Drogenmissbrauchs, in den Verschuldungsquoten und in den Krankheitszahlen, vor allem bei der Psyche. Oft wird die Beziehung zu den Dingen wichtiger als unsere sozialen Bindungen und ersetzt diese vollständig. Nicht mehr das Wesen eines Menschen steht im Mittelpunkt des Interesses, sondern ausschließlich sein Besitz, sein wirtschaftliches Potenzial oder die Möglichkeit, ihn für sich selbst zu nutzen. Besitz dient dabei der Abgrenzung von anderen Menschen. Er wird zum Maßstab der Anerkennung und dient dem Gefühl der Überlegenheit gegenüber anderen Menschen und der Gesellschaft. Dieser Maßstab ist Stabilitätsanker mit dem eigentlichen Daseinszweck, wertgeschätzt und akzeptiert zu werden. Das Leben in diesem Kontext ist bestimmt durch ein zwanghaftes, permanentes Streben nach äußerer Anerkennung, die man sich durch das Anhäufen und Zeigen von Insignien verdienen muss. Wir zeigen unseren Fortschritt und unsere Leistungsfähigkeit, indem wir vermeintlich fortschrittliche und sehr teure Güter kaufen und sie offen zur Schau stellen.

Darüber hinaus nutzen wir Geschenke als personenunabhängige Zeichen der Wertschätzung gegenüber Anderen. In einer Zeit, in der die Menschen bereits alle wichtigen Dinge besitzen, stellt sich die Frage, was wir mit Schenken erreichen wollen. Soll das Geld, das wir dafür ausgegeben haben den anderen Menschen zeigen, wie sehr wir sie mögen? Warum zeigen wir Wertschätzung durch materielle Dinge?

Wir sind vielmehr an einem Punkt angelangt, an dem wir unsere Beziehungen zu anderen Menschen ebenfalls wie Konsumgüter betrachten. Ich bemerke in vielen Bekanntschaften und einigen Freundschaften, dass es nur noch darum geht, wie sehr ein anderer Mensch einem selbst nutzt. Der reine Austausch, der eben nicht auf den eigenen Opportunismus abzielt, wird immer weniger relevant. Sicherlich gibt es Menschen, die einem schaden. Von diesen muss man sich fernhalten. Aber viele Bekanntschaften bestehen meiner Ansicht nur aus einem Nutzenkalkül, weniger aus reinem Interesse am Menschen. Ich glaube, viele Menschen vergleichen Beziehungen mit einem Konto, aus dem man mit Gewinn rausgehen möchte. Was nicht mehr nützt oder zu viel Energie kostet, wird ausgedünnt und entsorgt. Im Job mag das seine Berechtigung haben, denn da geht es um Austausch. Im privaten Umfeld empfinde ich das als völlig deplatziert. Daraus resultieren viele negative soziale Entwicklungen, wie z.B. das Ghosting. Ich denke, dieses Kalkül für Beziehungen liegt vor allem am Opportunismus und an dem geringen Selbstbewusstsein und einer negativen Eigenwahrnehmung, wie man auf andere wirkt und wie sie auf einen reagieren. Diese Muster werden uns durch die Werbung vorgelebt und wir ahmen ihr das nach.

Schein und Sein

Werbung ist das Mittel der Wahl unserer Wirtschaft, um uns zum Kauf zu animieren. Einst als Informationsinstrument gedacht, ist die Werbung zu einer Manipulationsmaschine mutiert. Sie bombardiert uns mit Reizen und Botschaften. Sie weckt Sehnsüchte, nährt Ängste, schürt Neid, belügt uns mit Geschichten und macht Versprechungen, welche die Produkte nie halten können.

Die Werbung versucht, unsere Aufmerksamkeit zu fesseln und uns durch Gehirnwäsche für Produkte zu gewinnen. Die erzählten Kurzgeschichten haben eine starke Wirkung auf die Menschen, indem sie emotionale Reaktionen hervorrufen. Die Werbebilder wecken sehr hohe Erwartungen, die mit den Produkten verbunden sind. Enttäuschungen sind dabei vorprogrammiert. Diese Erwartungen sind eng mit den Mythen verbunden, die in allen Bereichen des menschlichen Interesses geschaffen werden – seien es Sex, Jugend, Schönheit, Macht, Freiheit, Erfolg oder Gesundheit. In diesem Zusammenhang werden Märchen mit Eventualitäten erzählt, die jedoch sehr unwahrscheinlich sind, da die Rahmenbedingungen nicht alltäglich sind und mit Waren in Verbindung gebracht werden. Zudem verstärkt sich die Entwicklung, dass nicht mehr die beworbenen Güter und Waren im Mittelpunkt des Interesses stehen, sondern die Werbegeschichten und -gestaltungen selbst oder die Marken. Wir wollen diese Geschichten nacherleben und wundern uns, dass die reale Welt nicht so ist, wie sie in der Werbung dargestellt wird und dass wir die Ideale nicht erreichen. Das liegt daran, dass diese Situationen und Zustände nichts mit unserem Leben zu tun haben. Die Diskrepanz zwischen erlebter Realität und idealisierter Scheinwelt traumatisiert uns und lässt uns an uns selbst zweifeln. Werbung wird zur Kunst erhoben, dabei ist sie nichts anderes als die schon erwähnte Manipulationsmaschine. Sie deklassiert alte, aber noch funktionierende Waren. Sie definiert gebrauchte Waren zu alten

Waren um. Darüber hinaus versucht die Werbung, uns Überflüssiges und Unnötiges aufzudrängen. Sie verspricht Eigenschaften, Werte und Gefühle, die nicht unbedingt eintreten. Sie macht uns unglücklich und unzulänglich, und wir wollen diese Unzulänglichkeit und dieses empfundene Unglück durch Kauf kompensieren. Sie erzeugt einen nicht vorhandenen Mangel und eine Irrealität, die uns mit Idealen und Maßstäben füttert, was als schön zu gelten hat. Die eigene Identität wird zerstört und durch die gezeigten Ideale ersetzt. Die Werbemaschinerie versucht, uns auf die Jagd nach immer personalisierteren Waren zu schicken, die wir unweigerlich mit unserer Identität und unserem vermeintlichen Glück in Verbindung bringen. Gerade wenn wir unsere elementaren Grundbedürfnisse befriedigt haben und der Werbung unkritisch gegenüberstehen, fallen wir leicht auf ihre Manipulation herein. Sie wird im öffentlichen Raum immer sichtbarer und stiehlt uns mit kurzfristigen Produktinszenierungen die Aufmerksamkeit. Werbung ignoriert und stört unsere Privatsphäre. Mehr noch, sie schadet unserem Verstand, unserer geistigen Entwicklung und unserem Gemüt. Sie macht uns uninformiert und oberflächlich. Was meine ich damit? Sie vermittelt uns das Gefühl, dass wir angeblich Bescheid wüssten über die Merkmale, aber selten erlauben uns diese vermeintlichen Informationen ein tieferes Verständnis, oder man speist uns ab mit irgendwelchen belanglosen Schlagworten, die wir nicht einordnen können. Zwar informiert sie auf den ersten Blick, dennoch verschweigt sie wichtige Eigenschaften und Tatsachen. Durch die Intransparenz und Unvollständigkeit von Informationen schränkt sie unsere Entscheidungsfähigkeit ein. Sie macht uns Angst vor negativen Folgen von bestimmten Ereignissen, deren Eintreten wir durch den Kauf von Produkten angeblich entgegenwirken können. Sie kämpft mit allen manipulativen Mitteln um unsere Aufmerksamkeit und verlärmt unsere Innenwelt. Vor allem die unterschwellige Markenwerbung erreicht ihr Ziel, uns zum Konsum zu verführen.

Versprechen als Versprecher

Marken sind Versprechen. Sie versprechen uns eine bestimmte Qualität, die meist auf Erfahrungen aus der Vergangenheit beruht. Oft sind es Assoziationen aus der Kindheit. Wer erinnert sich nicht gerne an eine bestimmte Süßigkeit, die er als Kind mochte. Marken sind für uns ein Instrument, mit dem wir anderen Menschen zeigen, was wir uns leisten können und welche Assoziationen wir damit verbinden. Marken differenzieren und selektieren Menschen künstlich. Sie geben vor, zu einer bestimmten Klasse zu gehören. Die Ironie dabei ist, dass diese Schichten und die damit verbundenen Assoziationen nur in unseren Köpfen existieren. Wir zahlen oft ein Vielfaches für Marken, um anderen Menschen Ideale und Bedeutungen vorzugaukeln, die von der Wirtschaft erfunden und von der Werbung in die Welt geblasen werden. Marken versprechen uns Exklusivität und Einzigartigkeit und sollen uns einer neuen materiellen Kaste zuordnen. Alle Versprechungen werden durch den millionenfachen Verkauf, die Inflation der Markenartikel, den ebenso raschen Wertverlust wie bei anderen Gütern zu keinem Zeitpunkt auch nur annähernd eingelöst. Markenartikel schalten uns Menschen gleich und belügen uns in ihrem vermeintlichen Ziel, uns Werte und Lifestyle zu repräsentieren. Denn Marken und Logos sind nie Teil des Lebens, sondern nur Dekoration für das gewünschte Bild, das man anderen Menschen vermitteln möchte. Sie sind Etiketten und existieren ausschließlich in unserer Gedanken- und Bewertungswelt. Sie haben keine Tradition, keine Geschichte, keinen Charakter, keinen relevanten Lebensbezug und keine Vergangenheit.

Marken halten auch nicht, was sie versprechen. Obwohl Marken die Hoffnung auf lange Haltbarkeit und gehobene Qualität verdichten und suggerieren, gibt es meist nur marginale Verbesserungen, die den höheren Preis fragwürdig erscheinen lassen. Der höhere Preis wird oft nur durch den hohen Vertriebs- und Werbeaufwand erzeugt. Man bezahlt im Grunde nur für den Namen und die damit mitverkaufte Überzeugungsstrategie und erhält lediglich einen fiktiven Mehrwert in Form künstlich erzeugter Emotionen. Marken sind nichts anderes als Leercodes mit unbestimmter Bedeutung, um den Empfängerradius groß zu halten. Die Botschaft ist klar: Kaufe Marken und werde das, was du ohne sie nie sein könntest. Man wird zum Werbeträger und verbreitet die erfundenen Leerformeln und Botschaften weiter. Mit diesen Leerformeln stehen Marken nicht mehr für Produkte, sondern nur noch für inhaltslose Gedankengebäude. Gekoppelt mit künstlich erzeugten Bildern, sollen sie Gefühle, Emotionen und Traumwelten bei den Werbeempfängern erschaffen. Das geht so weit, dass die Produktion in den Hintergrund tritt und ausgelagert wird. Oft werden sowohl Marken als auch markenlose Waren auf den gleichen Fertigungslinien hergestellt. Die Produkte werden dann nur noch signiert und mit einem Image versehen. Der eigentliche Sinn eines B2C Unternehmens besteht darin, nur noch Markenwert aufzubauen. Wie dieser definiert wird, ist höchst unklar und auch die bilanztechnischen Berechnungsmethoden beim Verkauf der Marke sind mehr als fragwürdig. Denn Markenwerte dürfen nicht aktiv in der Bilanz ausgewiesen werden, bis sie eben verkauft werden. Dies bedeutet, dass sie wertlos sind, bis jemand sie kauft. Die Folge ist, dass weniger das Produkt, sondern mehr die Markenbotschaft im Mittelpunkt steht. Oft wird der eigentliche Produktname durch den Markennamen ersetzt, z. B. Tempo.

Der Kauf von Marken bezieht sich auf imaginäre Eigenschaften, die in der Realität nicht mess- und erfassbar sind. Diese Eigenschaften sind aber sehr leicht und schnell austauschbar. Markenidentitäten können sehr schnell gewechselt werden. Es kann auch ein Sammeltrieb entstehen, d. h., gekauft wird nur aus der Motivation heraus, dass es sich um die Marke handelt, unabhängig vom tatsächlichen Bedarf. Denn der eigentliche Inhalt der Markenbotschaft liegt im gewünschten Wiederkauf der Marke. Abseits von Preis- und Qualitätsargumenten sollen eine Beziehung, Kundenbindung, Kaufbereitschaft, Loyalität und Markentreue aufgebaut werden.

Menschen, die Marken hinterherlaufen, wirken wie zusammengekauft, ohne Individualität. Marken nehmen uns die Kreativität, selbst zu überlegen, wofür wir stehen wollen. Sie machen das Leben nicht besser, sondern starrer. Sie verändern den Besitzer nicht, sondern fixieren ihn auf die beworbenen Bilder. Doch Marken sagen nichts über den wahren Charakter, die Art, die Lebenseinstellungen und die Fähigkeiten des Trägers aus. Diese Embleme oder Marken verändern sich von Lebensalter zu Lebensalter, bis man (hoffentlich) im Alter merkt, dass sie wertlos sind. Bis man dies feststellt, ist man der Industrie auf den Leim gegangen. Die Konzerne besitzen oft mehrere, auch widersprüchliche Marken, um alle Interessen abzudecken. Das Markenimage, die Botschaften und die Markenpflege werden vor allem über die Medien gesteuert.

Dabei statt mittendrin

Gerade bildungsferne Schichten, die Medien unkritisch konsumieren, sind besonders anfällig für Manipulation. Die Medien sind für den starken Konsumdruck verantwortlich, der auf der Gesellschaft lastet. Der primäre Zweck der Medien ist nicht mehr die Informationsvermittlung, sondern die Verbreitung von Werbung. Die eigentlichen Inhalte, die der Zuschauer wünscht, treten in den Hintergrund. Die eigentlichen Bedürfnisse der Menschen wie soziale Interaktion, Zugehörigkeit und Reflexion werden durch mediale Gehirnwäsche zu befriedigen versucht. Die meisten Medien sind nichts anderes als getarnte Dauerwerbesendungen mit Inhalts- und Informationszusätzen. Die Methoden sind vielfältig. Sei es Produktplatzierung, Sponsoring etc. Auch die Inhalte sind auf die werberelevante Zielgruppe ausgerichtet. Diese Zielgruppe setzt sich vor allem aus bildungsfernen Konsumenten im Alter von 14 bis 48 Jahren aller Ethnien zusammen. Diese Gruppe ist die konsumstärkste Bevölkerungsschicht, was Kaufkraft und die notwendigen Mittel dazu angeht.

Die Inhalte unterliegen einer werberelevanten Zensur. Inhalte, die den werbenden Unternehmen oder ihren Produkten schaden, werden entschärft oder nicht gesendet. Inhaltliche Tiefe und Fakten sind für die Produzenten uninteressant und werden an den zeitlichen Rand des Programmes gedrängt. Die Inhalte sind intellektuell arm, wechseln schnell und werden den konsumfreudigen Schichten angepasst. Insbesondere beim Privatfernsehen ist dies der Fall. Informationen degenerieren zu unzusammenhängenden Einzelmeldungen, die oft ohne Hintergrund und Nutzen angeboten werden. Die Einordnung der Ereignisse wird selten weiter analysiert. Die oft veralteten und unvollständigen Inhalte werden ohne kritische Auseinandersetzung präsentiert. Häufig werden entscheidende Informationen zu Ereignissen und Produkten bewusst nicht weitergegeben, sinnentstellt, falsch formuliert oder bewusst nicht wahrgenommen. Kausale Zusammenhänge sind nicht mehr herstellbar. Politiker haben die sinnentstellende und beschönigende Darstellung von Sachverhalten zur Perfektion gebracht. So gelingt es den Medien, uns eine konstruierte Realität zu präsentieren, der sehr viele Menschen unkritisch folgen. Wir sind gefangen in einem Spektakel unwirklicher, irrelevanter und inszenierter Nachrichten und Vorstellungen. Konkret meine ich damit, dass wir ein vorgefiltertes Weltbild vermittelt bekommen, das durch die Zensur der Werbegeldzahlenden und der regierenden Amtsträger verändert wird. Verantwortliche bei Sendern scheuen sich, kritische Inhalte zu zeigen, die eben genau diese beiden Gruppen betreffen. Ich denke, es ist die Furcht dahinter, Budget gestrichen zu bekommen oder damit das Karriereende der Senderangestellten zu besiegeln. Wir bekommen ein nahezu perfektes Theater vorgespielt und machen es uns auf den Zuschauerplätzen bequem, ohne nach den Fakten oder den wahren Hintergründen zu fragen oder uns zu beteiligen. Wir bilden uns keine eigene Meinung mehr, sondern stimmen ein in den Chor der vorgefertigten Meinungen, die wir den Medien entnehmen. Diese Meinungen werden in enger Zusammenarbeit mit Wirtschaft und Politik produziert.

Auch das Internet muss kritisch betrachtet werden. Natürlich bringt das Netz unbestreitbare Vorteile, wie den Zugang zu Informationen und die Vereinfachung des Lebens. Wir sind aber auch mit Nachteilen konfrontiert, die es zu beleuchten gilt. Wir und unser Leben werden immer mehr virtualisiert. Die Inhalte unseres Lebens werden in den sozialen Netzwerken zum Geschäftsmodell der Plattformbetreiber. Sie verkaufen quasi unser Leben an die Werbekunden und wir bekommen dafür vorgetäuschte Aufmerksamkeit. Wir werden, wie in anderen Medien auch, permanent mit Werbung bombardiert. Um sich dem zu entziehen, braucht man schon ein hohes Maß an technischem Verständnis. Das reichhaltige Angebot im Internet lockt uns in die Banalitätsfalle, in der wir unsere Zeit mit sinnlosen Tätigkeiten verbringen, seien es Onlinespiele, exzessiver Zeitschriftenkonsum oder Social Media. Wir laufen Gefahr, Erfahrungen zu virtualisieren, die wir früher in direkter menschlicher Interaktion gemacht haben. Die Entleerung zwischenmenschlicher Beziehungen ist dabei ein großes Risiko. Auch die Fokussierung der Aufmerksamkeit leidet unter der Informationsfülle des Internets. Wir unterbrechen unsere Tätigkeiten häufiger, haben Konzentrationsprobleme und können nur mit Mühe zusammenhängend lesen. Wir werden mit zu vielen Informationen konfrontiert, vor allem wenn wir das Internet für den Einkauf nutzen wollen.

Der wahre Wert

Die Beschaffenheit und Qualität von Waren verändert sich. Früher waren Dinge auf Haltbarkeit und Gebrauchswert optimiert.

Heute hingegen spielen der Lebenszyklus und die Gewinnmaximierung eine Hauptrolle. Qualität und Haltbarkeit schaden der Wiederkaufshäufigkeit von Neuwaren und sind bei vielen Gütern nicht mehr vorgesehen. Neuheit ersetzt die Langlebigkeit vieler Güter. Neue Produkte sind nicht unbedingt besser oder billiger als alte, auch wenn der Preis im Bezug auf vermeintlich neue Eigenschaften oft gerechtfertigt erscheint und es meist billiger und einfacher sein mag, etwas Neues zu kaufen, statt etwas Altes zu reparieren. Die Reparaturfähigkeit nimmt zunächst aufgrund der Beschaffenheit, der hohen Arbeitskosten und des niedrigen Preises billiger Ramschware ab. Die Abnutzungsgeschwindigkeit und die Häufigkeit des Austauschs nehmen aufgrund der billigen Materialien und der einfachen Herstellungsweise zu. Besonders drastisch ist dies bei Kraftfahrzeugen zu beobachten. Auch die Folgekosten durch Anschaffung, Zinsen, Reparaturen, Nebenkosten, Unterhalt, Verbrauch, Ersatz, Wartung, Umwelt steigen ständig. Anfänglich billige Produkte werden dadurch alles andere als billig.

Auch die Einstellung zu Waren und Gütern hat sich verändert. Waren es früher Anschaffungen, die gepflegt werden wollten, ist es heute der Konsum, der betrieben wird. So hat man zum Beispiel früher Schuhe reparieren lassen und sie dauerhaft gepflegt. Heute kauft man und wirft sie schnell wieder weg. Wir sollen unüberlegt kaufen, schnell konsumieren und schnell ersetzen. Dinge sind nicht mehr dauerhaft, während sie früher über Generationen hinweg ihre Funktion erfüllten. Heute altern sie künstlich durch Moden und künstlich erzeugten Verschleiß und werden zu schnelllebigen Gebrauchsgütern und Wegwerfartikeln degradiert. Dabei ist es gerade die Langlebigkeit und Beständigkeit von Gütern, die uns die gewünschte Identität und Bindung vermitteln, die wir eigentlich kaufen wollen. Demgegenüber werden immer mehr kurzlebige Güter als Produkte vermarktet, die uns angeblich lange begleiten. Man sieht dies z.B. an Handys. Sie altern künstlich und laufen irgendwann nicht mehr mit den neuen Programmversionen. Verkauft werden Sie jedoch als Begleiter für das Leben. Die Waren gleichen sich immer mehr an. Selbst sogenannte Luxusgüter sind zum Teil maschinell hergestellter und handelbarer Ramsch und bringen außer für den Hersteller selten einen Mehrwert für den Käufer. Die vorgegaukelte Exklusivität und die damit versprochene Abgrenzung zu anderen Menschen sind eine Illusion. Eine Bindung zu den Gütern besteht ebenfalls nicht, obwohl sie ständig in unserer Wahrnehmung präsent sind. Unnötige Nice-to-have-Eigenschaften werden uns als notwendige und dringend benötigte Eigenschaften verkauft. Der tatsächliche Mehrwert rechtfertigt oft weder den Preis noch eine Ersatz- oder Neuanschaffung. Meist wird nur ein Bruchteil der gekauften und versprochenen Produkteigenschaften genutzt. Sei es aus Bequemlichkeit, aus Zeitmangel, aus mangelnder Bereitschaft, sich mit den Funktionen vertraut zu machen, oder einfach aus mangelndem Mehrwert des Produktes. Hinzu kommt, dass es selten wirkliche Innovationen und Fortschritte gibt. Die Hersteller verkaufen jede kleine Veränderung oder Verbesserung als Innovation. Oft kennen die Verbraucher die beworbenen Eigenschaften nicht im Detail und sind sich der Qualität nicht sicher. Meist wird der höhere Preis als Indikator für bessere Qualität herangezogen, was sich empirisch als falsch erwiesen hat. Es besteht eine massive Informationsasymmetrie und Intransparenz zwischen Konsumenten und Händlern bezüglich des Preises und der Qualität, die durch das Internet nur teilweise beseitigt werden können. Die Kaufentscheidung wird zum Lotteriespiel. Oft sind die Produkte qualitativ gleich und unterscheiden sich nur im Preis, Image und Markennamen. Es ist zu beobachten, dass eine Konsolidierungswelle hinsichtlich der Produkteigenschaften durch die Warenwelt geht. Die Gesamtheit der Artikel einer Sorte ist heute nicht mehr vollständig, sondern nur noch teilweise erfassbar. Produkteigenschaften verlieren zunehmend an Bedeutung. Früher standen die Produkte mit ihren Eigenschaften im Mittelpunkt des Interesses. Es gab große Unterschiede zwischen den Produkten, und die Hersteller standen nicht unbedingt im Vordergrund. Heute präsentieren sich die Hersteller mit ihrem Image. Die Produkte haben keine Priorität und unterscheiden sich kaum von der Konkurrenz. Enttäuschungen sind die Folge. Die Produkte werden uns als unverzichtbare Bestandteile unserer Identität verkauft. Sie werden personalisiert und vermenschlicht. Wir beteiligen uns zunehmend unentgeltlich an der Produktentwicklung und -gestaltung, indem wir den Unternehmen kostenlos unsere Meinung dazu mitteilen. Ein Motiv dieser Konsumentenbeteiligung ist es, neue Produkte perfekt erscheinen zu lassen. Sie werden für den Verkauf optimiert und immer weiter spezialisiert. Die Verträglichkeit für Mensch und Natur, abgesehen von gesetzlichen Regelungen, interessiert nicht. Dinge werden nicht produziert, um uns zu nutzen, sondern um den Profit der Hersteller zu maximieren. Wenn man den Großteil der Waren auf ihren tatsächlichen Nutzen hin überprüft, stellt man fest, dass die meisten Dinge uns nicht nachhaltig helfen, sondern eher schaden. Es wird nur nach immer neuen Einnahmequellen gesucht. Das geht so weit, dass sogar bisher kostenlose Dinge vermarktet werden, z. B. Ruhe und Entspannung.

Oft kaufen wir Waren, die uns in öffentlichen Foren empfohlen werden. Dabei vergessen wir, dass diese Empfehlungen meist von den Produzenten selbst veröffentlicht oder gekauft werden oder zumindest sehr subjektiv sind. Manchmal lassen wir uns auch von der Aufmerksamkeit und Freundlichkeit der Verkäufer täuschen. Wir kaufen dann aus einem Gefühl der Verpflichtung gegenüber dem Verkäufer oder der Wirtschaft und sehen nicht, dass wir keinen oder nur einen geringen Nutzen oder Mehrwert davon haben. Vielmehr zählt dann der Gedanke: Neues ausprobieren, Altes wegwerfen. Die Dinge sollen uns von der vergehenden Zeit ablenken und uns vorgaukeln, dass man die Zeit und den eigenen Verfall rückgängig machen kann. Dabei stimmt das

Verhältnis von Wert-, Preis- und Bedürfnisbefriedigung oft nicht mehr. Minderwertige Produkte haben einen zu hohen Preis für ihren geringen Anteil an tatsächlicher Bedürfnisbefriedigung, auch wenn sie wertvoll erscheinen. Letztlich sind die Verbraucher und Konsumenten die Dummen unserer Gesellschaft, die mit ihrer Lebenszeit für schlechte Waren mit Scheinqualitäten bezahlen.

Der Mensch im Spiel

Unser Leben, Denken und Handeln sind auf Dinge fixiert. Wir arbeiten für Geld. Wir zahlen Steuern auf unseren Lohn. Mit unserer Arbeit stellen wir Dinge her oder erbringen Dienstleistungen für Dritte. Wir kaufen diese Produkte oder Dienstleistungen mit Geld, zahlen wieder Steuern und benutzen sie mehr oder weniger. Am Ende entsorgen wir die Dinge und suchen schon wieder nach etwas Neuem. Und das bis zu unserem letzten Atemzug. Kaufen, konsumieren und nach Dingen jagen ist unser tägliches Leben. Dafür verwenden wir einen großen Teil unserer kostbaren Freizeit. Diese Jagd wird zum Selbstzweck und zur Sinnstiftung. Die erworbenen Gegenstände treten in ihrer Relevanz in den Hintergrund. In unserer Freizeit geht es immer weniger um Ruhe und Erholung, sondern um Sensationslust, Neugier und Abwechslung in einem ansonsten als langweilig und eintönig empfundenen Leben. Die Stimulation unseres Gehirns durch Unterhaltung ist Sinn und Ziel unserer Bemühungen. Langeweile ist ein starkes Konsummotiv. Es gelingt uns immer weniger, unser Leben mit Dingen zu verbessern, die gut für uns sind. Kaufen, konsumieren und jagen werden zu einer teilweise selbstbestimmten Beschäftigungstherapie und einer suggerierten Lebendigkeit, die wir in unserer fremdbestimmten Arbeitswelt brauchen. Für die zeitlichen und materiellen Opfer, die wir in der Woche bringen, wollen und müssen wir uns mit Zerstreuung und Besitz entschädigen. Die Selbstbelohnung ist dabei das letzte Trostpflaster unserer fremdbestimmten Lohnarbeit.

Auch die Arbeitswelt hat sich, wie unsere Gesellschaft insgesamt, zum Negativen verändert. Betrachtet man viele Arbeitsplätze genauer, so ist ein großer Teil schlicht und einfach sinnlos. Die wenigsten Arbeitsinhalte halten dem Anspruch stand, einen echten Mehrwert für andere Menschen zu erbringen. Vielmehr wird Arbeit zum Selbstzweck. Man arbeitet um der Arbeit willen, nicht um seiner selbst willen. Arbeit dient auch dazu, vorgezogenen Konsum in Form von Schulden abzubauen. Konsum wird zum Druckmittel für Arbeit. Oft dient Arbeit auch als Flucht vor sich selbst oder einem unglücklichen Leben zu Hause. Langeweile will durch Arbeit vertrieben werden. Was sollen wir mit unserer kostbaren Zeit anfangen, wenn nicht arbeiten? Fragt man moderne westliche Menschen nach den Inhalten ihres Lebens, so kommt Arbeit meist unweigerlich als erster wichtiger Inhaltspunkt. Beziehungen, die eigene Reifung oder Erkenntnisse sind oft nicht wirklich wertvoll. Durch zu viel Arbeit gerät man in einen Teufelskreis. Man arbeitet mehr und ist erschöpft, wodurch man mehr kompensieren muss. Das wiederum erfordert mehr Geld, wofür man schließlich wieder mehr arbeiten muss. Zu viel Arbeit birgt immer die Gefahr der Entfremdung von sich selbst. Man benutzt sie, um sich kritische Gedanken zu ersparen, und man benutzt sie als Fluchtmittel. Die heutige Arbeitswelt schaltet die Menschen oft gleich.

Beim Konsum spielen auch Gewohnheiten eine Hauptrolle. Unser Leben mit den Dingen spiegelt in hohem Maße unsere Gewohnheiten wider. Die Vereinfachung unseres Alltags beeinflusst uns massiv. Wir denken nicht mehr darüber nach, ob die Dinge, die wir tun und benutzen, uns wirklich guttun. Wir haben es ja schon immer so gemacht. Diese unreflektierte Wiederholung von vielleicht schon überholten Gewohnheiten kann nur mit viel Kraft und starkem Willen durchbrochen werden. Wir kaufen und konsumieren, weil wir in der Vergangenheit zu einem bestimmten Zeitpunkt positive Empfindungen damit hatten und diese wiederherstellen und wiederholen möchten. Wir vergessen aber, dass die Situation damals eine ganz andere war und überprüfen die Rahmenbedingungen nicht noch einmal. Wir sind zu bequem, wollen das Risiko einer Enttäuschung verringern und diese Bequemlichkeit wieder herstellen. Wenn man einmal in der Bequemlichkeit länger verweilt, fällt es immer schwerer sich wieder aufzuraffen. Doch je bequemer wir es uns z.B. mit Technik machen, desto mehr Aufwand hat man, die Technik am Laufen zu halten und schnell verliert man die Bequemlichkeit wieder. Die Bewahrung des Status Quo und damit verbundener Konsum kann viel Aufwand bedeuten. Bequemlichkeit und Gewohnheiten sind schwer aufzugeben. Wir wollen auf das bisher Erreichte nicht mehr verzichten. So sammeln wir materielle Dinge an. Diese Sammlung ist eine Summe derjenigen Dinge, die uns aus unserer Vergangenheit kurz begleiten und uns daran erinnern. Extreme Sammler schaffen sich damit einen Kontrollzwang, der den Mangel an zwischenmenschlichen Kontakten kompensieren soll. Man schafft sich durch das Sammeln künstliche Erinnerungen. Das Sammelobjekt selbst tritt dabei in den Hintergrund. Viel wichtiger ist die Geschichte, wie und auf welche Weise das Objekt gefunden und erworben wurde. Gerade diese Art des Konsums verdrängt und löst nur scheinbar die eigentlichen Ursachen für Konsum wie Kontaktarmut und soziale Einsamkeit, was auch irgendwann krankhaft werden kann. Wir vergessen die Probleme, die unser chaotisches Leben begleiten und verbringen unsere Zeit lieber in Konsumtempeln, die aufgeräumt und geordnet sind und uns mit allerlei Methoden wie Gerüchen und Farben verzaubern. Dort tickt die Zeit anders.

Kaufen und Konsumieren kosten Zeit. Obwohl wir immer mehr Dinge haben, haben wir automatisch immer weniger Zeit. Zeit ist nichts, was man sparen kann, sondern nur der Rahmen für das, was man tut. Zeit muss also danach bewertet werden, wie sie verwendet wird. Jeder Mensch hat unter normalen Gegebenheiten gleich viel Zeit, entscheidend ist, was man damit macht. Man hat nie zu wenig Zeit. Man nimmt sich für bestimmte Dinge Zeit und für andere nicht. Fortschritt und Bequemlichkeit versprechen uns Zeitgewinn. Wir haben aber nicht mehr Zeit, sondern wir können die Zeit für etwas anderes verwenden. Der Widerspruch besteht darin, dass für zeitsparende Technik Lebenszeit aufgewendet werden muss, um sie zu beschaffen, zu nutzen und zu erhalten. Nur bei ganz wenigen Dingen ist die Zeitbilanz wirklich positiv. Darunter sehe ich zum Beispiel die Computertechnik, wenn die Technik richtig eingesetzt wird oder bei wenigen Haushaltsgeräten. Auch bei günstigen Autos kann dies der Fall sein, die nur noch einem geringen Wertverlust unterliegen. Die Frage ist, ob wir den zeitsparenden Nutzen wirklich brauchen oder ob wir nicht einfach unüberlegt und impulsiv kaufen. Es wird versucht, immer mehr Aktivitäten in unser begrenztes Zeitbudget zu pressen und uns unsere begrenzt verfügbare Aufmerksamkeit zu nehmen. Der daraus resultierende Zeitdruck hat unmenschliche Folgen für unsere Psyche. Anstatt, dass wir die freigewordene Zeit für Dinge verwenden, die uns wichtig sind oder die wir für Ausruhen verwenden, machen wir einfach noch mehr, weil wir damit noch mehr erledigen können. Damit haben wir am Ende nicht mehr Zeit für uns selbst zur Verfügung, sondern haben unseren Output, die Leistung oder die Produktivität erhöht.

Die Grenzen zwischen Wohnen, Einkaufen und Arbeiten verschwimmen zunehmend und sind immer schwerer voneinander zu trennen, da immer mehr Tätigkeiten nach Hause verlagert werden. Auch die sogenannte Wahlfreiheit nimmt viel Zeit und Aufmerksamkeit in Anspruch. Ob die Wahl dadurch besser wird, ist fraglich, da nicht alle Alternativen wirklich berücksichtigt werden können und wir durch Werbung und Desinformation zusätzlich verwirrt werden. Entscheidungen werden ab einem bestimmten Zeitpunkt irgendwann nicht mehr besser. Menschen, die Informationen ungeprüft aufnehmen, sind anfälliger für Konsum. Konsumgüter dienen dazu, Fiktionen und Illusionen zu erzeugen. Wir flüchten uns in sie, um den Spannungen und Dissonanzen unseres Lebens zu entfliehen. Die Suggestion und das Vorgaukeln von imaginären Vorteilen sind die wichtigsten Triebfedern des Konsums. Wir suchen nach Reizen, die uns für den Augenblick befriedigen, uns aber sonst in keiner Weise dienen. Unser Anspruchsniveau hat sich massiv verändert. Was uns früher als Luxus erschien, gehört heute zum Existenzminimum. Wir nehmen mehr Dinge als selbstverständlich hin, und damit verschiebt sich auch unser Verständnis von Luxus. Die Wertschätzung für Dinge, die wir schon lange haben, geht verloren. Wenn wir immer mehr und Besseres wollen, erscheint uns das, was wir jetzt haben, als unattraktiv. Je mehr Dinge man hat, je mehr Auswahl man hat, desto mehr verlieren Dinge an Bedeutung. Das kann man auch gut bei Kindern beobachten, die viele Spielsachen besitzen. Sie wissen oft trotz der großen Auswahl nicht so recht sich zu beschäftigen und verlieren die Wertschätzung, denn die tatsächlichen Bedürfnisse liegen eben woanders. Konsumorientierung bedeutet für uns Menschen, dass wir schnell das Interesse an unseren Besitztümern verlieren. Wir entwickeln eine zunehmende Anspruchshaltung und die Maßstäbe unserer Wertschätzung verschieben sich. Wir erleben den absoluten Überfluss als Normalzustand. Obwohl uns permanent eingeredet wird, dass Materielles uns glücklich macht, ist unreflektierter Konsum nur ein kurzfristiges Glücksversprechen, das sich ins Gegenteil verkehrt. Das Streben nach Glück und Zufriedenheit durch Konsum wird zum Köder für hemmungsloses Geldausgeben. Wir implizieren alles Positive in Dingen und Waren, machen es zu unserem einzigen Bewertungsmaßstab und vergeuden unsere Erinnerungen daran. Je mehr wir von den Waren erwarten, desto anfälliger sind wir für Enttäuschungen. Das Leben als Konsument ist nichts anderes als ein Trial-and-Error-Verfahren, das sich aus dem Zusammenhang von Kauf, Genuss und Enttäuschung zusammensetzt. Vollkommene Zufriedenheit können wir nicht erreichen, sondern uns ihr nur annähern, weil unsere Wünsche und Bedürfnisse immer wieder neu stimuliert werden.

Es ist zu unterscheiden zwischen Wünschen, die aus den ursprünglichen Bedürfnissen des Menschen entstehen, und Wünschen, die von außen geschaffen werden. Erstere entstehen aus der Natur des Menschen selbst, aus sich selbst heraus. Die anderen Wünsche entstehen durch äußere Reize. Die Wirtschaft versucht uns einzureden, dass es diese Trennung nicht gibt. Alle Bedürfnisse kämen aus uns selbst. Die Befriedigung von Sehnsüchten und Wünschen durch käufliche Güter und Erlebnisse rückt in den Mittelpunkt unseres Lebens. Ob damit unsere wahren Bedürfnisse befriedigt werden, spielt keine Rolle. Die Dauer der Befriedigung unserer Wünsche wird immer kürzer. Oft wissen wir gar nicht mehr, was wir brauchen, wollen oder wünschen. Wir wünschen uns dann, dass man uns weitere Wünsche sagt, denn wir haben uns ja schon alle eigenen Wünsche erfüllt.

Die Wirtschaft hat ihre Manipulation so verfeinert, dass wir in Lebenszyklen mit entsprechenden Bedürfnissen eingeteilt werden. Wir gehen so weit, dass wir zukünftige Bedürfnisse vorwegnehmen, um für alle Eventualitäten gerüstet zu sein. Hier wird das ursprüngliche Bedürfnis nach Sicherheit sichtbar. Häufig werden die beschafften Güter jedoch nicht mehr oder nur deshalb genutzt, weil sie vorhanden sind, ohne dass ein tatsächlicher Bedarf besteht. Oft wird auch der tatsächliche Bedarf weit überschätzt. Meist wissen wir gar nicht, welche Angebote unseren Bedürfnissen am besten entsprechen. Es werden diejenigen Produkte, mit den angepriesenen Eigenschaften gekauft, ohne darüber nachzudenken, ob man die gekauften Eigenschaften wirklich braucht. Im Streben nach Perfektion wird das Beste und damit Teuerste gekauft, völlig losgelöst von Bedarf und Notwendigkeit. Manchmal kauft man Dinge nur aus der Motivation heraus, irgendwann alle Dinge einer Art besitzen zu wollen. Wenn man sammelt, will man immer mehr haben, weil das Alte nicht mehr ausreicht oder langweilig erscheint. Wenn man dann alles hat, oder das Geld nicht mehr ausreicht, so hat man kein Ziel mehr und verliert das Interesse am Sammelgebiet.

Indem wir den äußeren Nutzen wie Status oder Image als unseren eigenen Nutzen übernehmen, erhalten viele sinnlose Güter einen Wert, obwohl sie für unser Wohlbefinden eigentlich wertlos sind. Dieser Wert gilt aber nur so lange, wie die vorgelebten Bilder in unserem Umfeld als erstrebenswert gelten. Ändern sich Trends und Moden, verlieren die entsprechenden Güter an Wert und Prestige. Wir laufen also der Simulation eines verloren gegangenen inneren Wertes hinterher und müssen uns neu orientieren, wenn sich diese Simulation ändert. Wir kaufen also nicht mehr, um unsere Bedürfnisse zu befriedigen, sondern nur noch, um den verbreiteten Bildern zu folgen. Dieser Prozess ist nie abgeschlossen, sondern ändert sich erst, wenn wir bewusst auf unser Inneres blicken. Die einzige wichtige Frage, die sich dabei stellt, ist, inwieweit uns die Dinge subjektiv einen echten und langfristigen Nutzen bringen und unsere inneren Bedürfnisse befriedigen. Da wir viele Dinge nur kurzfristig und nicht umfassend nutzen, ihre negativen Eigenschaften zu positiven umdeuten oder sie schnell ersetzen, ist die Anschaffung der meisten Dinge in Frage gestellt. Die Sinnfrage ist heute meist auf den Erwerb und nicht auf den Gebrauch fixiert. Das tatsächliche Funktionieren, die Reparierbarkeit und der volle Funktionsumfang sind nicht von Interesse. Wir entmündigen uns selbst, indem wir ohne Geduld kaufen und wegwerfen, anstatt die Dinge voll und lange zu nutzen. Stattdessen verlieren wir uns in Schulden, Angst und Müll und haben uns selbst nicht mehr im Blickfeld.

Wir erleben derzeit einen der größten Widersprüche unserer jüngeren Vergangenheit: Man predigt uns die Individualisierung und versucht sie uns mit standardisierten Massenprodukten zu bringen. Wir erhalten unsere Identitäten nicht mehr durch die Erfahrungen unseres Lebens, sondern sollen sie erwerben. Nicht mehr unsere eigene Denk- und Erfahrungsleistung soll uns wachsen lassen, sondern vorgefertigte Warenangebote. Die Folge: Wir kaufen emotional, ohne kritisch nach Sinn und Unsinn zu fragen. Wir sind völlig irrational in unseren Entscheidungen. Es fehlt uns an Entscheidungskompetenz. Durch den Konsum verlernen wir, kritisch zu denken, sondern folgen vorgelebten Handlungsweisen. Das schafft zwar ein Zugehörigkeitsgefühl, steht aber im Widerspruch zur Individualität des Menschen! Kaufen bedeutet für uns, kurzfristige Gefühle zu erzeugen. Vielleicht ist dies auch evolutionär bedingt, denn unser Gehirn belohnt uns für „erlegte Beute" – heute in Form von Schnäppchen oder besonders hochwertigen Produkten. Neugier und Schönheit waren und sind enorme Triebfedern des Sammelns und Konsumierens. Schönheit ist jedoch subjektiv und unterliegt der Bewertung durch den Menschen. Wir glauben, dass wir die Dinge auf dem

Markt wirklich brauchen und haben wollen. Wir lassen uns von Neuheit und Fortschritt mitreißen. Das Neue und Schöne, das besonders teuer ist, liegen in unserem Interesse, ohne dass wir die wirkliche Notwendigkeit prüfen. Wir glauben an die Überlegenheit des Neuen und wollen uns nicht zu lange an das Alte binden. Die Irrationalität und Verwirrung, die bei Entscheidungen entsteht, werden mit Scheinargumenten wegdefiniert und man versucht zu rationalisieren. Wir betonen das Positive, während wir das Negative ignorieren und verdrängen. Man gibt den Dingen erst im Nachhinein einen Sinn. Fehlentscheidungen werden umgedeutet. Widersprüche werden bewusst in Kauf genommen oder nicht beachtet. Der eigene Konsum wird beschönigt und der Konsum anderer diskriminiert. Wir kritisieren die Umweltzerstörung und die Ausbeutung der ausländischen Arbeiter und sehen nicht, dass wir selbst daran beteiligt sind. Wir sehen nicht, wie sehr uns Konsum und Passivität schaden und wie sehr unser Unglücklichsein mit Konsum und Lebensstil zusammenhängt.

Wir müssen, so traurig es auch klingen mag, realistisch erkennen, in welchen Strukturen wir heute leben. Diese Strukturen zielen darauf ab, unsere Lebenszeit zu binden und uns unglücklich zu machen, damit wir durch Resignation und Frustration diese Strukturen am Leben erhalten. Konsum, Passivität, Verpflichtungen und (zu viel) Arbeit schaden unserer Psyche und hindern den Menschen an der Entwicklung seiner Ethik, seines Lebensstils und seiner spirituellen Entwicklung. Der Feind unserer heutigen-

negativen Gesellschaftsstruktur sind die Bildung, und die Einsicht, dass unsere Wirtschaftsstruktur uns schaden will, und der aktive Widerstand gegen diese Verhältnisse. Die heute massiv spürbare Sinnlosigkeit des Lebens besteht gerade in der Bildungslosigkeit, in der geistigen Passivität, in der Gedankenlosigkeit, in den Inhalten, denen kein Wert beigemessen wird und in der Ziellosigkeit. Dazu trägt auch unser fataler Glaube an Wachstum, Verbesserung und Fortschritt bei. Denn wir wissen nicht wirklich, wozu unser tägliches Leben gut sein soll und wie wir geistig und emotional davon profitieren könnten. Dagegen wird uns immer bewusster, dass der wahre Preis für unsere Lebensweise ein spirituell verarmtes Leben ist. Wir werden der Inhalte beraubt, die aus uns selbst kommen, und diese sind durch Wirtschaftsgüter ersetzt, die letztlich für den Müll produziert werden. Gefangen in der Trance der Gehirnwaschmaschine verlieren wir unser Denken, unsere Kreativität, unsere sozialen Fähigkeiten und einen Teil unseres Charakters.

Neues Denken im Okzidenten

In dem vorhergehenden Kapitel wurde ausführlich darüber nachgedacht, wie unsere Gesellschaft und wir selbst unser Leben verschlechtern. Wir haben erkannt, dass unser Fortschritt auf der materiellen Bereicherung einiger weniger auf Kosten vieler anderer beruht. Wir erleben unsere Wirtschaft als einen endlosen Kreislauf, der mit der Erzeugung von Wünschen beginnt, dann die geweckten Wünsche befriedigt, anschließend die Menschen verändert und schließlich zur Selbstvermarktung führt. Wir müssen uns die Frage nach der Grundstruktur unseres Lebens stellen. Dabei sollten wir die langfristigen Perspektiven unserer Leistungs- und Wegwerfgesellschaft analysieren und Konsumkritik als ersten Schritt zur Veränderung der Struktur unseres Denkens begreifen. Es funktioniert nicht, passiv darauf zu warten, dass etwas passiert, und dann einfach darauf zu reagieren. Denn das tun wir seit Jahrzehnten. Es führt zu Nörgelei und Neid bei gleichzeitiger Untätigkeit und Resignation. Angesichts der eigenen Sterblichkeit sollten uns Neid und Streit aber völlig absurd und irrelevant erscheinen. Die Veränderung beginnt im Kleinen, bei jedem Einzelnen, Tag für Tag, in seinen Entscheidungen und Handlungen. Jeder muss für sich selbst die konkreten Konsequenzen ziehen, selbst denken, selbst die blaue Pille nehmen, selbst den Schleier von den Augen entfernen. Wir müssen hoffen, dass sich dieser kleine Widerstand gegen das bestehende Lebenssystem ausbreitet und sich immer mehr Menschen auch unbequeme Fragen stellen. Was genau ist die Perspektive, die sich hinter dem bloßen Streben nach Karriere und Besitzanhäufung verbirgt? Was bedeutet das konkret für unser Denken? Ist der neue Fortschritt verträglich für unsere Nachkommen? Sollte unsere Wirtschaft nicht eher uns dienen als wir ihr? Was muss ich für mich tun, um aus diesem Kreislauf auszusteigen? Wie kann ich neu denken?

Denken lenken

Der Weg aus dem Konsum heraus führt nur über die Erkenntnis des eigenen Wesens und Geistes. Wir müssen verstehen, dass wir evolutionsbedingt einen ruhelosen Geist haben, den wir trainieren und beruhigen müssen. Unser Geist lässt sich leicht ablenken, ist ständig unterwegs und will unterhalten werden. Unser Geist grübelt viel. Es sind die berühmten Selbstgespräche, die sich auf negative Erinnerungen, schlechte Erfahrungen oder Vergleiche konzentrieren. Zu viel Grübeln, Nachdenken und ständige Gedanken an die Vergangenheit und Zukunft lenken dabei hervorragend vom Hier und Jetzt ab und sollten im Zaum gehalten werden. Evolutionär gesehen handelt es sich dabei um das psychologische Grundmuster, wie man auf andere Menschen wirkt und wie man dieses Bild beeinflussen kann. Einer dieser Grundmechanismen ist das Gefallen-Wollen und das unreflektierte Ja-Sagen zu dem, was einem so begegnet. Das ständige Erinnern ist evolutionär in uns angelegt. Dies führt jedoch zu einer chronisch wieder-

kehrenden Unzufriedenheit. Wir müssen uns an Zufriedenheit gewöhnen. Dies kann nur geschehen, indem wir uns auf uns selbst und die Dinge konzentrieren, die uns wichtig sind, und zwar genau in dem Moment, in dem wir gerade sind. Die Perspektive ist entscheidend. Wir müssen aus dem Wirrwarr der Gedanken herauskommen. Gedanken sind letztlich nur ein Produkt von uns selbst. Wir müssen unsere Gedanken besser lenken und kontrollieren. Darin liegt unsere Freiheit.
Jammern und Nichtakzeptanz der Gegenwart führen zum Grübeln. Man sollte unbedingt vermeiden, in ein Muster des Leidens zu verfallen. Das bringt einem nichts, außer in der Vergangenheit zu verweilen und sich von der Gegenwart, dem wirklichen Leben, zu entfernen. Entscheidend ist die geistige Präsenz im Hier und Jetzt. Wichtig ist, dass wir die Gedanken aus der Distanz betrachten. Es geht nicht darum, sie zu unterdrücken, sondern sie nur aus einer gewissen Distanz zu beobachten. Es ist die Wahrnehmung ohne Bewertung. Es ist die Emanzipation, sich nicht spontan davon beeinflussen zu lassen. Kein Kampf dagegen, sondern eine positive Akzeptanz, ohne zu viel Einfluss zu gewähren. Das erreicht man unter anderem durch Meditation oder Sport. Man lernt, sich selbst zu spüren und mit sich verbunden zu sein, ohne zu impulsiv zu werden. Stark ist, wer gelassen auf die Herausforderungen des Lebens reagiert, sich auf das konzentriert und daran arbeitet, was er beeinflussen kann. Lebenszufriedenheit entsteht eben nicht aus der Erfüllung von Wünschen, sondern aus

der Fähigkeit, mit Wohlwollen, positiver Einstellung, Zuversicht und Gleichmut durchs Leben zu gehen und Wünsche zu kontrollieren.

Ein neues Maß

Wenn wir uns fragen, welche materiellen Dinge uns einen wirklich spürbaren Mehrwert bringen, dann lautet die Antwort, wenn wir ehrlich zu uns selbst sind: wenig. Mehrwert bedeutet in diesem Zusammenhang einen positiven Beitrag zum Selbstwertgefühl, zur Befriedigung körperlicher Bedürfnisse und zur dauerhaften inneren Zufriedenheit. Die drängende Frage lautet: Was finden wir wirklich so schön und erstrebenswert, dass wir es haben wollen, und was brauchen wir wirklich? Wann entfaltet eine Sache in unserem Besitz einen Mehrwert? Können wir durch Besitz überhaupt zufrieden oder gar glücklich werden, oder ist das nicht eher ein Märchen unserer Wirtschaft? Wann sind wir mit unserem Besitz zufrieden?

Materieller Besitz hat, wie alles im Leben, zwei Seiten. Auf der einen Seite können wir relativ frei darüber verfügen, auf der anderen Seite bedeutet Besitz auch Einschränkung. Alles, was wir unser Eigentum nennen, verpflichtet uns. Wir müssen uns immer wieder fragen: Dient unser Besitz uns oder dienen wir ihm? Sind wir letztlich Diener unserer vermeintlichen Diener?

Natürlich kann man sagen, dass der moderne Mensch viele materielle Dinge scheinbar braucht, um sein Leben zu gestalten. Brauchen bedeutet in diesem Zusammenhang aber immer eine Unschärfe in der Art und Weise, wie man den Vergleichsmaßstab setzt. Und oft ersetzt das Wollen das Brauchen. Brauchen als Bewertung kann manchmal als Selbstlüge gesehen werden. Physisch brauchen wir wenig – Wohnung, Kleidung, Nahrung, Grundausstattung, Wärme, Hygiene, Medikamente. Alles, was darüber hinausgeht, brauchen wir nicht unbedingt. Aber andere Dinge sind uns aus bestimmten Gründen wichtig. Neues Denken in diesem Zusammenhang bedeutet, sich klar zu machen, was uns aus welchem wichtigen Grund wichtig ist und was wir damit erreichen wollen. Dieses Denken fragt nicht, was man braucht, sondern warum man es braucht. Die Erklärung dahinter ist einfach. Nicht das eigentliche Gut dahinter möchte man, sondern das Gefühl damit erleben. Und meistens stellt sich dieses Gefühl nur für kurze Zeit nach dem Erwerb der bestimmten Sache ein. Man muss genau in sich hinein fühlen, um herauszufinden, welches Gefühl dahinter steckt und warum dies für einen von Relevanz ist. Dann ist die Frage zu stellen, ob sich dieses Gefühl auch anderweitig ergeben kann, indem man aktiv etwas tut oder reduziert, anstatt einfach etwas zu erwerben und abzustellen. Woran hängt unser Herz, was nehmen wir wahr und was bedeutet uns etwas? Das sind die notwendigen Fragen, die wir uns stellen müssen. Es ist eine einfache Regel, die man befolgen kann: Der Körper sagt uns, was wir brauchen, der Geist, was wir wollen, und das Ego, was wir erwarten. Die Psyche braucht im Grunde nichts

Materielles, sie will höchstens. Hierzu wieder das Beispiel Auto:. Der Wunsch, der dahinter steht, ist doch eigentlich Freiheit, Spontanität und Ungebundenheit und nicht das Auto als Gegenstand selbst. Es ist das Mittel zum Zweck. Ein reflektierter Mensch fragt sich nun, ob er eben diese Gefühle nicht auch anders erreichen kann, z.B. durch weniger Arbeit, ein Car-Sharing-Abo, eine Monatskarte mit der Bahn, oder was auch immer.

Der Mensch denkt oft in Vergleichen. Eine Quelle unserer Sehnsüchte und Wünsche ist die Orientierung an Menschen, die scheinbar viel oder mehr besitzen als wir selbst. Menschen, die weniger haben, fallen uns weniger auf. Wir sehen nur das, was uns besser, attraktiver oder erstrebenswerter erscheint. Auch hier als Beispiel wieder das Auto. Uns fallen eher Wagen auf, die besser oder höherwertiger als unserer Wagen ist. Schlechtere Autos hingegen weniger. Der Denkfehler bei dieser Sichtweise ist aber, dass sehr viele Menschen weniger haben als die relativ Armen in den Industrieländern. Ein Ausweg aus diesem Teufelskreis besteht darin, sich in Relation zu den Ärmsten dieser Welt zu setzen und sich bewusst zu machen, dass man im Vergleich dazu noch sehr wohlhabend ist, solange man alle physischen Grundbedürfnisse befriedigen kann. Entscheidend ist die absolute Armut in Bezug auf die eigenen notwendigen Bedürfnisse und nicht die relative Armut im Vergleich zu den reichen Mitmenschen in unserer Gesellschaft.

Damit stellt sich automatisch die Frage nach dem Wohlstand. Was genau ist Wohlstand in der eigenen Betrachtung? Ist es die Masse des Besitzes? Ist es die Art des Besitzes oder unsere Wertschätzung dafür? Ist es unser Vergleichsmaßstab? Oder ist es etwas ganz anderes, wie z. B. unsere Freiheit. Genau diese Frage muss jeder für sich selbst beantworten. Die Antworten können so unterschiedlich sein wie die Menschen selbst. Für mich lautet die Antwort: So wenig wie nötig besitzen, damit ich nicht krank oder unzufrieden werde. Lieber preislich günstig und wenn nötig qualitativ höherwertig als billig und minderwertig. Generell empfiehlt es sich, einen optimalen, aber nicht maximalen Wohlstand anzustreben und sich dementsprechend materiell bescheiden auszustatten. Ein Zuviel schadet, ein Zuwenig macht sehnsüchtig, krank oder unterernährt. Dieses Optimum gilt es zu finden und anzustreben. Generell gilt: Je weniger man in diesem Optimum braucht, desto freier und entspannter lebt man. Denn viel Besitz erfordert einen hohen Zeitaufwand und viele Entscheidungen des Besitzers über Nutzung, Aufbewahrung und Lagerung.
Der Schlüssel liegt einfach darin, aus einem gewünschten Ziel den Bedarf abzuleiten - nach folgendem Muster: Zum Beispiel möchte ich mich gesund und nahrhaft ernähren – welche notwendigen Dinge brauche ich, um mir entsprechende Nahrung zuzubereiten? Das negative Gegenteil wäre: Ich schaue, was es Neues gibt, und suche mir dann aus, was ich mir kaufe, weil ich es cool finde, obwohl ich es selten brauchen werde.

Wohlstand bedeutet für mich Zufriedenheit. Damit einher geht eine Selbstgenügsamkeit, die sich in der Abwesenheit von Gerümpel, unnötigen Sammlungen und Überflüssigem zeigt. Die zentrale Einsicht dahinter sind Bescheidenheit, Nichtbrauchen und Nichtwollen. Bescheidenheit schafft innere Ruhe. Abgesehen vom Lebensnotwendigen braucht man selten, was man nicht hat. Sobald man es aber hat, wird es notwendig, selbstverständlich und manchmal belastend. Das Ziel einer neuen Denkweise, die sich auf das eigene Wohlbefinden konzentriert, ist die Schaffung eines Wohlstandsniveaus, das mit wenig Besitz, Zeiteinsatz und Ressourcen auskommt. Man muss lernen, was einem Dinge und Gegenstände wirklich wert sind, unabhängig davon, was andere dafür zu zahlen bereit sind. Damit ist konkret der Gebrauchswert gemeint. Man erkennt die Bedeutung einer Sache für das eigene Leben. Damit einher geht eine wohlwollende Haltung gegenüber dem Wenigen,das man besitzt. Man lernt, wie positiv sich manche Dinge auf einen auswirken oder wie negativ andere. Die Herausforderung besteht natürlich darin, sich selbst so gut zu kennen, dass man entscheiden kann, ob diese Selbsteinschätzung von innen kommt oder ob man von außen manipuliert und beeinflusst wurde. Den einmal erkannten Standard oder besser das materielle Wohlstandsniveau gilt es zu halten und eben nicht zu steigern, sondern eher zu senken. Es sollte ein Standard sein, der sich an echtem Mehrwert und Wertschätzung orientiert. Man sollte mit wenig zufrieden sein, je weniger, desto besser. Damit einher geht eine Philosophie des Nullwachstums und des reinen Erhaltens, was bedeutet, nur noch zu ersetzen und nicht zusätzlich Dinge anzuschaffen. Es geht nicht mehr darum, das Leben zu verbessern, sondern den Status quo zu erhalten. Neuanschaffungen werden nur noch getätigt, um das Leben stark zu vereinfachen und nicht mehr aufgrund von Marginalien. Denn aus der Motivation der Müllvermeidung heraus ist es empfehlenswert, Dinge so lange zu nutzen, wie sie nutzbar sind und wie sie uns helfen, Erinnerungen aufzubauen oder unseren Gemütszustand immer wieder positiv zu beeinflussen. Dinge lange, achtsam und bewusst zu nutzen, dient der Wertschätzung, dem Respekt vor dem produzierten Gut und der Honorierung der dafür geleisteten Arbeit. Es schafft eine grundlegende Beziehung zu den Dingen. Es ist besser, seine Aufmerksamkeit und Wertschätzung nur auf diese Grundbeziehung der wenigen wichtigen materiellen Dinge zu richten.

Man sollte sich durch die Dinge, die man hat, reich fühlen, anstatt die Dinge, die man nicht hat, zu vermissen. Man kann sich auch helfen, indem man Luxus für sich neu definiert. Dinge, die man nicht unbedingt braucht, werden als Luxus definiert und auch so behandelt. Verzicht und Kanalisierung der Bedürfnisse auf das wirkliche Relevante bedeutet in diesem Zusammenhang eine stetige und spürbare Einsparung von Lebenszeit, die für andere, lohnendere Dinge genutzt werden kann. Natürlich stellt sich hier die Frage, was genau ein einfaches und vereinfachtes Leben ist. Als Antwort möchte ich ein einfaches Umfeld geben, das durch freiwillige innere Konditionierung geschaffen werden kann. Die Dinge, die man tun muss, denen man aber aus persönlicher Vorliebe keine große Wertschätzung entgegenbringen möchte, sollte man in einem einfachen Leben nach Möglichkeit entweder weglassen oder zeitlich minimieren und sich den Dingen zuwenden, die man mit Freude und Muße tut. Denn jeder Moment ist nur einmal da und er kommt so nicht wieder, daher sollte er mit Freude oder Genügsamkeit erlebt werden.

Nach meiner Erfahrung sind es gerade die scheinbar unwichtigen und kleinen Dinge, die eine wirkliche Verbesserung des eigenen Wohlbefindens und wirkliche Freude mit sich bringen. Für die Bescheidenheit ist es sehr wichtig, alles wertzuschätzen, was einem gut tut, auch wenn es nur von geringer Größe oder geringem materiellen Wert ist. Konsum und Besitz spielen hier die Rolle von Beitrag, Mittel und Zweck zum Wohlbefinden. Sie dürfen aber in einem gesunden Leben nicht selbst Gegenstand des Wohlbefindens sein. Ein Beispiel: Um Sport treiben zu können, braucht man vielleicht ein Paar Turnschuhe. Die Turnschuhe sind nur Mittel zum Zweck. Die Marke, das Aussehen oder der Typ spielen keine Rolle. Nicht die Turnschuhe sind wichtig, sondern der Sport.

Die Fokussierung auf Verzicht, aber intensives Erleben von Genuss verspricht, die eigene Wertschätzung und eine positive Einstellung zum Besitz zu erhalten. Besitz soll in einem bescheidenen

Weltbild der Befriedigung existenzieller Bedürfnisse dienen. Besitz darf nicht belasten. Das Bewusstsein und Wissen, genug zu haben, kann im Sinne der Bescheidenheit als positiver Status gegenüber Menschen interpretiert werden, die mehr Besitz für die innere Ausgeglichenheit und Zufriedenheit benötigen. Geistige Reife und Entwicklung sind in diesem Sinne daran zu messen, was ein Mensch über das Lebensnotwendige hinaus nicht braucht. Eine wichtige Erkenntnis hierbei ist, dass Dinge nicht um ihrer selbst willen, z. B. in Form von Sammlungen, besessen werden sollten, sondern einen Nutzen für eine Tätigkeit oder einen tieferen Mehrwert haben müssen. Man besitzt Dinge, damit sie einem dienen. In dieser Denkweise stellt man sich fast nur noch die Frage, wozu man einen Gegenstand braucht. Andere Gedanken, was man sich leisten möchte, was fehlt oder was man sich wünscht, werden ausgeblendet. Stattdessen fragt man sich, was man unbedingt braucht, um ein Erlebnis, einen Mehrwert, ein Grundbedürfnis zu befriedigen. Alles andere, was einen nicht positiv beeinflusst oder einem für die Bedürfnisse dient, wird weggeworfen, verkauft oder verschenkt. Eine dramatische Reduktion des Besitzes auf das wirklich Wichtige ist die Folge.
Auch der Zuwachs an neuem Besitz muss in einem neuen Denken begrenzt werden. Rationieren, Budgetieren und Ersetzen statt Vermehren in fest definierten Besitz- und Konsumstandards sind hier die Mittel der Wahl. Die Devise lautet, unter den eigenen Möglichkeiten zu leben, die Zufriedenheit vom Besitz zu lö-

sen und aus den Lebensereignissen, der inneren Ausgeglichenheit, Beziehungen und Erlebnissen zu beziehen. Durch diese künstliche Verknappung wird das Wenige, das man besitzt, wieder wertgeschätzt.

Dies wirft eine weitere wichtige Frage auf. Wodurch entsteht Wertschätzung? Wertschätzung kann von außen durch Werbung erzeugt werden. Sie kann auch dadurch entstehen, dass viele andere Menschen einen Gegenstand ebenfalls begehren. Wertschätzung kann aber auch in der eigenen Einstellung begründet sein, indem einem Gegenstand ein hoher Einfluss auf das Wohlbefinden zugeschrieben wird. Ein neues Denken bezieht Wertschätzung nur auf diese Dimension. Wertschätzung hat psychologische Grenzen. Um sie wirklich zu entwickeln, muss man sie auf wenige, aber wichtige Dinge beschränken. Sonst nimmt man die Wertschätzung nicht mehr wahr, wenn man sie auf zu viele Dinge verteilt. Wertschätzung ist flüchtig und verflüchtigt sich sehr schnell. Das zeigt sich dramatisch in unserer Wegwerfgesellschaft, die Dinge sehr schnell als unattraktiv klassifiziert. Demgegenüber stehen Dinge, die man selbst geschaffen hat. Diese schätzt man mehr. Wertschätzung entsteht auch durch die Erfüllung von Wünschen.

Materielle Wünsche sollten wie Wertschätzung nur aus sich selbst heraus entstehen und nicht von außen geschaffen werden. Wünsche machen abhängig. Wünsche sind auch im Licht der zeitlichen Vergänglichkeit zu sehen. Sie kommen und gehen. Sie wirken nur für kurze Zeit mit hoher Intensität und verblassen mit der Zeit in ihrer Intensität. Zur inneren Reife gehört eine offene und selbstkritische Reflexion darüber, warum ein Wunsch besteht und was eigentlich dahintersteckt. Besonders kritisch sind dabei materielle Wünsche zu betrachten, da sie nur selten wirklich gewünscht werden. Oft verbergen sich hinter dem materiellen Wunsch ganz andere Motive und psychologische Gründe. Selten kann der eigentliche Wunsch durch das materielle Gut befriedigt werden.

Kaufen ist nicht leben

Wir befinden uns heute in einer Situation, in der wir haben, was wir brauchen, wollen, was uns angeboten wird, wünschen, was wir nicht brauchen, und erwarten, was es nicht gibt. Wir müssen allerdings klar unterscheiden, was wir brauchen, was wir wollen und was wir erwarten. Vor allem Erwartungen schaden unserer Zufriedenheit massiv, weil Erwartungen fast niemals so eintreten, wie sie gewollt waren, oder nur unter Zwang von Dritten erbracht werden. Deshalb sollte man seine Erwartungen realistisch gestalten, abwägen sie bei sich selbst reduzieren und gegenüber anderen ganz abschaffen.

Die Dogmen der Wirtschaft wollen uns glauben lassen, dass Waren uns einen emotionalen Wert bieten und unser Leben verbessern. In diesem Zusammenhang müssen wir uns die kritische Frage stellen, ob wir uns selbst oder der Werbung glauben sollen.

Gefällt uns das Produkt oder die Werbung? Eine positive Einstellung zur Werbung widerspricht einer vernünftigen Einstellung zum Kaufen, denn dann wird unvoreingenommen geglaubt, was versprochen wird und vergessen, welche Opfer man dafür aufbringen muss.

Zunächst die Frage: Was ist Kaufen? Wir bezahlen Geld für eine Ware oder Dienstleistung. Dieses Geld haben wir vorher meist gegen unsere Zeit eingetauscht. Diese Zeit erleben wir unterschiedlich, meist jedoch negativ im Sinne von Stress, Erfolgsdruck, Arbeit etc. Auf jeden Fall ist sie auch mit Bewertungen verbunden. Wir zahlen also mit unserer Zeit. Es ist klar, dass Zeit zunächst neutral ist. Erst durch unsere Bewertung wird sie so, wie wir sie wahrnehmen. Für die aufgewendete Zeit erwerben wir Dinge oder Erlebnisse, auf die unsere Wahrnehmung reagiert. Sei es visuell, auditiv, taktil, geschmacklich oder durch den Geruch. Dies ist wieder mit Bewertungen verbunden. Wir tauschen also Zeit gegen Bewertungen, abgesehen von den Dingen, die wir zum Leben wirklich brauchen. Es ist dringend notwendig, bei Kaufentscheidungen das Verhältnis zwischen den Bewertungen, die wir durch die Zeit, die wir für den Kauf benötigen, und den Bewertungen, die wir durch den Kauf erhalten, abzuwägen. Ein Beispiel: Wenn wir unsere Arbeitszeit als negativ erleben, tauschen wir diese negative Zeit durch den Kauf von Dingen oder Erlebnissen gegen eine vielleicht etwas positivere Zeit. Lohnt sich das wirklich? Denn Zeit ist zuerstmal neutral und wird erst durch unsere Verwendung entweder positiv oder negativ. Fraglich ist, ob eine Verwendung der Zeit, die als negativ verwendet wird, der positiven Bewertung von späterer Zeit angemessen ist. Interessant ist eine ehrliche Analyse des Zusammenhangs zwischen den Ausgaben in Form von Zeit und Geld in der Vergangenheit und dem psychologischen Nutzen heute. Welche Auswirkungen haben die Ausgaben auf die Bewertung der Vergangenheit und was hat man für sein Geld bekommen? Mein Fazit dieser Selbstanalyse ist, dass der reale Nutzen oft sehr gering oder gar nicht vorhanden ist. Als Beispiel sei hier die Renovierung einer Wohnung anzuführen. Mit viel Zeit und Geld wird etwas erneuert, aber die Frage ist, geht es uns danach wirklich besser? Oder sind nicht andere Faktoren für das Wohlbefinden entscheidender? Lohnt sich der Aufwand für den Gelderwerb und den Zeitaufwand für diese Renovierung für unser Wohlbefinden? Oder treten nach Abschluss nicht andere Dinge, wie z.B. die dadurch vernachlässigte Partnerschaft, in den Vordergrund?

Der wirkliche Mehrwert für die Person und das Leben ist oft zweifelhaft. Oft verbringen wir mehr Zeit mit Aufwand für eine Sache, als dass sie uns Zeit spart. Oft schadet eine Anschaffung, auch wenn man sich dessen nicht bewusst ist oder es sich erst später herausstellt. Ziel dieser Überlegungen ist es, die Kaufentscheidung zu rationalisieren. Sich nicht mehr von Emotionen leiten zu lassen, kritisch nachzudenken und zu erkennen, dass Kaufen und Konsumieren nur selten wirklich positive Auswirkungen auf uns haben, sind die Leitgedanken. Auch der Aspekt, dass jeder Konsumakt eine weitere Umweltveränderung und auch -zerstörung darstellt, verlangt von einem mündigen Erdenbürger die Abwägung des erhofften Nutzens. Es darf auch nicht vergessen werden, dass mit jedem Kauf eine Umverteilung von Kapital von den ärmeren zu den reicheren Schichten der Gesellschaft stattfindet. Dies geschieht durch die Marge (Mehrwert) über die eigentlichen Herstellungskosten hinaus, die wir mitbezahlen. Dazu ein Beispiel: Bei jedem Einzelteil, das in einem Auto verbaut wird, hat der Produzent dieses Einzelteils eine Marge aufgeschlagen, die am Ende beim Endhersteller zusammenkommt. Der Endhersteller muss also die Margen aller Vorproduzenten und seine eigene Marge an den Endverbraucher weitergeben. Ein großer Teil der Kosten sind also die Margen der vielen einzelnen Hersteller in der Lieferkette des Autos. Am Ende landen diese Margen bei den Kapitaleignern dieser Hersteller. Dazu müssen wir am Ende noch die Umsatzsteuer in Form der Mehrwertsteuer bezahlen. Das heißt, wir geben unser versteuertes Einkommen größtenteils für Margen und neue Steuern aus. Auf diese Weise verteilt eine große Gruppe von Bürgern ihr Einkommen an die Kapitalbesitzer und an die Staatskasse.

Von diesem und allen anderen endlosen Versprechungen über Sinn und Nutzen unserer Wirtschaftswelt müssen wir uns lösen, wenn wir den nächsten Schritt zu einem tieferen Verständnis des Lebens gehen wollen. Kritisches Denken und Analysieren erschweren das Einkaufen und machen es mit der Zeit anstrengend. Und genau das ist das Ziel. Man kann das Einkaufen nicht mehr leiden und schafft sich dadurch Freiheit für neue und tiefere Inhalte. Diese Denkweise hat dramatische Auswirkungen auf das tägliche Leben, auf das eigene Handeln und Verhalten.

Alles, was über das wirkliche Notwendige hinausgeht, muss einer kritischen Prüfung auf seinen tatsächlichen Nutzen unterzogen werden. Es stellt sich auch die Frage, ob man die gekauften Dinge in einigen Monaten wirklich noch schätzt und einen Nutzen daraus zieht. Dies ist aufgrund des abnehmenden Grenznutzens und der sinkenden Wahrnehmung über die Zeit nicht der Fall. Auch die Kaufmotivation muss beleuchtet werden. Was ich nicht brauche, sollte ich auch nicht kaufen. Dabei sind Impulskäufe zu vermeiden. Vernünftiges Kaufen ist quantitativ bescheiden und bezieht sich auf funktionale, langlebige, regionale, ökologische und qualitativ hochwertige Güter. Man bezahlt am besten bar und vermeidet Kredite und Kreditkarten. Wenn man am Anfang bezahlt und nicht erst später, indem man einen Kredit abbezahlt, weiß man besser, wie viel eine Sache gekostet hat. Das erhöht die Wertschätzung einer Sache.

Man sollte sich auch darüber im Klaren sein, was man kauft. Oft sind nur wenige Kaufkriterien wirklich wichtig. Der eigenen Stimmung zuliebe sollte man seine Ansprüche auf die Kriterien reduzieren, die einem wirklich wichtig und notwendig sind. Diese Kriterien muss man herausfinden und seine Kaufentscheidung entsprechend treffen. Meist lohnt sich ein langer Entscheidungszeitraum nicht, denn nur wirklich wenige Dinge und deren Kauf entscheiden das Leben nachhaltig. Die Konzentration auf die wenigen Kaufkriterien hilft, die Prioritäten richtig zu setzen und Zeit zu sparen. Wir müssen dem Irrtum und der größten Lüge unserer Wirtschaft widerstehen, dass mehr und kompliziertere Dinge uns mehr nutzen und zufriedener machen.

Weiterhin ist zu bedenken, dass billige Dinge nicht billig sind. Wer billig kauft, kauft mehrmals, weil er Ersatz braucht. Günstig kauft, wer gute und langlebige Qualität zu einem vergleichsweise guten Preis erwirbt, auch wenn dieser im Vergleich zu Billigwaren teurer erscheint. Nachhaltigkeit und Langlebigkeit sind die neuen Kaufkriterien. Billigwaren und Sonderangebote sind oft Lockmittel, um Dinge zu kaufen, die man eigentlich gar nicht will, sie nur kauft, weil sie eben billig sind und man sie vielleicht irgendwann einmal gebrauchen könnte. Billige Ware verliert schnell an Wert. Sie dient als Einstieg in den Konsum und muss schnell ersetzt werden. Echte Billigwaren, d. h. Waren, die von der Qualität her billig sind, erfüllen diese Prophezeiung. Allerdings ist nicht jedes billige Produkt per se schlecht. Billige Dinge sind vielmehr gegenüber günstigen Dingen zu unterscheiden. Günstige Dinge kosten relativ wenig, entfalten aber einen höheren Nutzen. Diese gilt es zu erkennen. Nachhaltiges Kaufen erweist sich in dieser Hinsicht als vernünftige Denkweise. Beispiel hierzu sind Haushaltsgegenstände. Billigware geht meist schnell kaputt, wohingegen günstige Markenware, im Gegensatz zu Luxusvarianten länger hält. Nachhaltig bedeutet gut verarbeitet und einfach im Gebrauch. Je komplizierter eine Sache ist und je mehr Technik ist aufweist, desto schnell wird sie defekt.

Bei Genussmitteln empfiehlt sich Rationierung. Die künstliche Verknappung von Genussmitteln erhöht die Wertschätzung beim Konsum. Da Genussmittel in Maßen erheblich zum Wohlbefinden beitragen können, sind sie nicht per se negativ zu bewerten. Selbstbeherrschung und Selbstdisziplin sind leider immer seltener vorhandene positive Grundeigenschaften des Menschen. Es gilt, den Luxus der Genussmittel zu erkennen und ihn bewusst zu begrenzen, um die Wertschätzung zu erhalten.

Wenn Anschaffungen unumgänglich sind, empfiehlt es sich, in erster Linie auf gebrauchte Produkte zurückzugreifen. Sie sind günstiger in der Anschaffung und bieten den gleichen Nutzen wie Neuwaren. Oft verkaufen Menschen gebrauchte Dinge nicht, weil sie nicht mehr funktionieren, sondern weil sie einfach etwas Neues haben wollen und deshalb alte Gegenstände ersetzen. Dies kann und sollte genutzt werden. Technische Güter sind hier besonders kritisch zu beurteilen. Sie unterliegen einem raschen Wandel durch neue Moden. Das Ziel eines vernünftig konsumierenden Menschen ist die einer moderaten Technisierung. Oft werden nur wenige Grundfunktionen eines Gerätes, z. B. eines Mobiltelefons, benötigt. Der Rest ist überflüssig und dient nur als Kaufargument. Der Großteil der Technik ist Spielzeug, das auf seinen tatsächlichen Nutzen hin intensiv überprüft werden muss.

Lokale Märkte und Kreisläufe bringen dem Verbraucher mehr als standardisierte Massenware. Sie bringen dem Erzeuger und dem Verkäufer Wohlstand und die Möglichkeit, den Erlös in die lokalen Märkte zurückfließen zu lassen. Unsere globalisierte Wirtschaft ist der Feind dieses lokalen Wohlstands, und es ist notwendig, die Kaufentscheidungen zu regionalisieren. Dies hat auch Auswirkungen auf die Qualität der Waren, die auf lokalen Märkten meist besser ist als auf Märkten mit billiger Massenware.

Weniger Besitz und Konsum führen zu weniger Folgekäufen. Weniger Angebot bedeutet weniger Konsum. Man muss sich der individualisierten Ego-Gesellschaft entziehen und sich ein Umfeld schaffen, das möglichst wenig mit Konsum zu tun hat. Im Idealfall baut man sich Lebensbedingungen auf, die einen hohen Grad an Selbstversorgung, Selbstproduktion und Autarkie von unserem globalen Wirtschaftskreislauf bedeuten. Nachhaltiges Einkaufen bedeutet in diesem Zusammenhang kurzfristig immer einen erhöhten Zeit- und Geldaufwand. Insgesamt wird aber weniger Geld ausgegeben.

Um sich dem Kreislauf zu entziehen, gilt es auch, konsumfördernde Faktoren zu reduzieren, sei es, dass man alleine einkauft, um sich dem Gruppenzwang zu entziehen, oder dass man nie aus Langeweile einkaufen geht.

Man sollte keine Kredite aufnehmen und kaum Kreditkarten benutzen. Kredite jeglicher Art bedeuten zukünftigen Zeitaufwand für die Rückzahlung. Mit Krediten stiehlt man sich sozusagen Zeit in der Zukunft und begibt sich in die Knechtschaft des Arbeitgebers. Aufgenommene Kredite sollten so schnell wie möglich zurückgezahlt werden, da sie die eigene Freiheit dramatisch einschränken. Das einzige Objekt, das für mich einen Kredit rechtfertigt, ist eine selbstgenutzte Immobilie, da sie das Wohlbefinden sehr fördern kann und für das Rentenalter eine geringere Kostenbelastung bedeuten kann.

Ziel eines vernünftigen Kaufs ist es, die Folgen zu bedenken. Hilfreich ist es, sich vor der Anschaffung viele Fragen zu stellen, diese ehrlich zu beantworten und entsprechend zu handeln. Warum soll ein neuer Gegenstand effizienter sein als der bisher besessene? Was stimmt mit dem bisherigen Gegenstand im Eigentum nicht? Will oder brauche ich diesen Gegenstand? Wie sieht es mit der Nutzungsdauer, -häufigkeit und -intensität aus? Ist der Gegenstand haltbar? Ist er reparierbar? Bringt er mir wirklich das, was ich von ihm erwarte? Bin ich bereit, eine bestimmte Anzahl von Stunden dafür zu arbeiten? Kann ich den gewünschten Effekt auch ohne Kauf erzielen? Wie hoch sind die laufenden Nutzungs- und Unterhaltskosten? Entstehen Folgekäufe? Schaffe ich mir Abhängigkeiten?

Ziel unserer Wirtschaft ist es, Dinge zu verkaufen, die nur kurz genutzt werden, die störanfällig und wartungsintensiv sind, die modisch und technisch schnell veralten, die hohe und zahlreiche Folgekäufe nach sich ziehen, die nicht oder nur teuer repariert werden können, die Abhängigkeiten zum Verkäufer schaffen und die durch entsprechende Gesetze nicht kostenlos genutzt werden dürfen. Ein Beispiel dafür sind Apple Produkte. Sie unterliegen Moden, veralten schnell, waren schon immer schwer zu reparieren und der Kauf einer Produktart impliziert den Kauf weiterer Produktarten. Diese Ziele halten uns am Arbeiten und die Wirtschaft am Leben. Das schadet uns letztlich und kostet uns unser Leben und unsere Lebenszeit. Davon müssen wir uns befreien.

Das Leben ist unsere Zeit

Der wahre und einzige Besitz eines Menschen ist seine Lebenszeit, seine eigenen Gedanken, Gefühle und Bewertungen. Die Zeit ist unser Begleiter, der uns ständig daran erinnert, dass jeder Augenblick einzigartig ist und nicht identisch wiederkehrt. Dieses wahre Gut kann nicht genommen oder gestohlen werden, sondern vergeht stetig und unaufhörlich. Die Zeit sinnvoll und zu unserem Wohl zu nutzen, ist die wichtigste Aufgabe des Menschen. Wir müssen unser Leben mit jenen Bewertungen und Zuständen füllen, die uns unsere Zeit genießen lassen. Dazu bedarf es einer kritischen Reflexion dessen, womit wir unsere Zeit verbringen und verbringen wollen. Wir müssen mehr in Zeiteinheiten als in Geldeinheiten denken. Unser Leben besteht aus der ständigen Produktion von Erinnerungen. Sie verändern sich, bleiben aber unser Privateigentum, das wir nicht teilen müssen, wenn wir es nicht wollen. Man muss sich jedoch eingestehen, dass unsere Erinnerungen uns durch unbewusste Veränderung irgendwann anlügen, weil sie sich verändern. Durch unsere Handlungen, Aktivitäten und Entscheidungen bestimmen wir, welche Erinnerungen wir haben werden. Die Erinnerungen konzentrieren sich meistens auf den Höhepunkt und das Ende eines Erlebnisses. Der Rest wird oft vergessen. Wir entscheiden, wie wir unser Leben verbringen und woran wir uns erinnern wollen. Leider vergessen wir viele Erlebnisse schnell wieder. Erlebnisse, die wir im Moment wahrnehmen, sind oft weniger gut bewertet als diejenige Bewertung, die wir in Erinnerung haben. Das bedeutet, dass wir unsere Vergangenheit heute positiver bewerten, als wir sie damals im Moment wahrgenommen haben. Ein Beispiel dazu ist die Erinnerung an die Schulzeit. Sie wird im Nachhinein positiver gesehen als zum damaligen Zeitpunkt. Man verdrängt den Druck, die Langeweile, die vielen Ausfälle, die teils miserablen Lehrer und den Lernstoff, den man nicht verstanden hat. Das menschliche Hirn blendet Negatives im Nachhinein sehr gut aus und verdrängt es. Die Dauer der Erlebnisse ist also weniger entscheidend. Erinnern heißt Geschichten zu konstruieren. Erinnerungen, mit denen man unglücklich ist oder die nicht in die Lebensgeschichte passen, werden verändert und in die eigene Lebenslogik integriert. Das kann man nicht aktiv steuern, die vermeintlichen Fakten ändern sich schnell und sind dann oft nicht mehr überprüfbar. Es versteht sich von selbst, dass jeder Mensch möglichst hochwertige und wertvolle Erinnerungen sammeln möchte. Je nachhaltiger die Erinnerungen sind, desto höher schätzen wir ihren Wert für uns ein. Diese wertvollen Erinnerungen gilt es zu erkennen und nach Möglichkeit bewusst herbeizuführen. Zeit ist dabei die notwendige Voraussetzung für mögliche Gelegenheiten. Wir müssen bewusst wahrnehmen und in der Gegenwart leben, um uns dieser Chancen bewusst zu werden. Viel über die Vergangenheit nachzudenken und sich über die Eventualitäten der Zukunft Sorgen zu machen, ist dem abträglich. Die meisten Sorgen sind unbegründet. Sorgen sind jedoch Grundelemente der Psyche. Sie lenken von den eigentlichen Problemen ab und führen zu Fehlentscheidungen. Das Lebensprinzip muss daher lauten: Lieber jetzt leben, als in Erinnerungen zu schwelgen oder sich unbegründete Sorgen zu machen. Denn die Zeit verrinnt und verstreicht gnadenlos. Es ist besser, einen guten Augenblick zu haben, den man entsprechend würdigt, als den Moment schnell zu übergehen, um sie nur mit dem Zweck für die Erinnerung zu erschaffen. Den Moment wertzuschätzen ist die Kunst. Sicherlich gibt es gute und schlechte Erinnerungen. An die guten darf man sich gern erinnern, die Schlechten möglichst ausblenden, wenn dies nicht automatisch passiert. Am Ende sind Erinnerungen jedoch nur eines: veränderte Geschichten. Man hat mehr vom Leben, wenn man den Augenblick optimiert, als wenn man in Erinnerungen schwelgt. Auch die Überlegung, jetzt Zeit zu verwenden, um später mehr Zeit zu haben, ist unsinnig, denn wir wissen nicht, wann später sein wird, wie unsere Lebensumstände sein werden und ob wir es überhaupt erleben werden.

Wahrnehmung und Bewusstheit werden durch Konzentration und Fokussierung erreicht. Dazu muss man entschleunigen und Störungen aller Art ausschalten. Unterbrechungen der Aufmerksamkeit müssen eliminiert werden, denn sie kosten uns mehr Zeit, als sie uns bringen. Wir müssen uns darüber im Klaren sein, dass unsere Wirtschaft darauf ausgerichtet ist, unsere Zeit und Aufmerksamkeit zu binden und zu vereinnahmen. Sei es durch Arbeit, Einkaufen, Konsum oder Medien.

Jeder normale Bürger muss seinen Lebensunterhalt durch Arbeit verdienen. Als Gegenpol zu Muße und Freizeit hat Arbeit ihre Berechtigung. Wenn Arbeit jedoch die Zeit dauerhaft negativ einfärbt, den Menschen belastet oder nicht mehr freiwillig geleistet wird, wird sie destruktiv. Dann muss Arbeit reduziert oder verändert werden. Arbeit darf nicht als Selbstzweck gesehen werden, sondern man muss sich immer vor Augen halten, dass wir arbeiten, um zu leben, und nicht leben, um zu arbeiten, auch wenn Staat und Wirtschaft das gerne so hätten. Auch sollte man danach streben, dass man sich, sofern möglich, das Arbeiten so angenehm wie möglich gestaltet. Sei es durch den Arbeitsplatz selbst, den Wohnort und die Arbeitszeit.

Es ist erstaunlich, wie viel Zeit die Menschen mit dem Einkaufen verbringen. Wer bewusst lebt, reduziert die Einkaufszeit, meidet

Kaufhäuser, Supermärkte sowie Shoppingseiten und versucht, möglichst zeiteffizient seinen Bedarf zu decken. Kaufhäuser und Supermärkte dienen einzig und allein dem Zweck, uns zum Verweilen und damit zum Einkaufen zu verleiten. Besser ist es daher, gezielt und bewusst Dinge, die man dringlich benötigt, zu bestellen. Dies gibt einem mehr Zeit darüber nachzudenken, auszuwählen und zu entscheiden.

Um unsere geistige Beweglichkeit zu erhalten, müssen wir Medien und Nachrichten drastisch reduzieren. Wir müssen erkennen, welche Medien uns wirklich gute Informationen liefern, die uns etwas nützen, anstatt uns nur zu unterhalten. Dann gilt es, dies auf ein Minimum zu reduzieren. Medienkonsum kostet Zeit, die wir nur begrenzt zur Verfügung haben, und bildet nicht unsere Lebenswirklichkeit ab. Medien bieten nur ein fiktives Bild, auch Lügen oder Märchen genannt, das mit unserem Leben nur wenig oder gar nichts zu tun hat. Das müssen wir verstehen.

Alles Materielle auf diesem Planeten, auch wir selbst, verliert irgendwann seine Funktion und vergeht oder erneuert sich. Das gilt besonders für künstlich geschaffene Werte. Wir kaufen also zukünftigen Abfall. Die Frage, die sich hier aufdrängt, ist: Wollen wir unsere Zeit mit und für zukünftigen Müll verbringen? Es ist auch klar, dass Dinge, die uns Zeit sparen, z. B. Computer, wieder Zeit für Pflege, Wartung und Instandhaltung benötigen. Es muss also eine Zeitbilanz zwischen Zeitaufwand und Zeitersparnis gezogen werden. Dinge mit negativer Zeitbilanz, also Zeitfresser,

müssen identifiziert und eliminiert werden. Auch Zeitersparnis an sich ist nicht immer positiv. Es bindet unsere Aufmerksamkeit und beschleunigt unser Leben. Wir leben dadurch unbewusster, weil wir den Augenblick nicht mehr wertschätzen und das Gefühl des aktiven Lebens nicht mehr haben.
Die entscheidende Frage ist, was wir mit der neuen Zeit anfangen, die wir früher anders genutzt hätten. Viele Menschen finden das unendlich schwierig und sind deprimiert und gelangweilt. Sie verbringen ihre Zeit mit sinnlosen Tätigkeiten und verschieben das, was sie eigentlich tun wollten. Neues Denken bedeutet hier ein aktives Leben mit bewusstem Handeln. An die Stelle von Medien, Arbeit und Konsum treten Erlebnisse, die mit vielen Sinnen wahrgenommen und positiv mit sich selbst verknüpft werden. Liebenswerte Menschen, mit denen man in Beziehung steht, fördern dies. Man gestaltet seine Zeit selbstbestimmt und schätzt sie als das Wertvollste, was man hat. Man verfolgt seine gesetzten Ziele. Welche genau das sind, das muss jeder für sich selbst herausfinden. Versuch und Irrtum sind hier die Mittel der Wahl. Das Leben definiert sich eben dadurch, dass man herausfindet, was und wen man mag und was man eben erreichen möchte.

Beziehungen sind das Leben

Konzentration und Fokussierung betreffen auch die Beziehungen zu anderen Menschen. Gerade andere Menschen haben einen großen Einfluss auf unser Leben. Ein neues Denken bedeutet, die

Beziehungen zu Menschen daraufhin zu überprüfen, welchen Einfluss sie auf uns und unser Befinden haben und ob und wie wir ihnen vertrauen. Wir müssen uns von Menschen verabschieden, mit denen wir nur aus Pflichtgefühl Kontakt halten. Auch von Menschen, die unsere Stimmung negativ beeinflussen oder die nicht vertrauenswürdig sind, muss man sich trennen. Man muss verstehen, dass man andere Menschen nicht aktiv verändern kann, wenn sie es nicht von sich aus wollen. Das gilt auch für uns selbst. Durch ständige Veränderung bleibt man nicht der Mensch, der man einmal war. Die eigene Veränderung muss von einem selbst und nicht von außen entstehen. Entscheidend für die Wahl der Menschen um uns herum ist ihre Entscheidung, uns auf unserem Lebensweg begleiten zu wollen, egal wann und wie wir uns verändern. Es kommt auf die Qualität der Beziehungen an, nicht auf ihre Quantität. In einer Welt mit Tausenden von „Freundschaften" auf Facebook oder Instagram mag diese Forderung gewagt erscheinen. Aber wir müssen uns fragen, was uns diese oberflächlichen Kontakte bringen? Entscheidend ist vielmehr, dass wir den positiven Einfluss qualitativ hochwertiger Beziehungen als wichtig erachten. Es ist der direkte Kontakt, weniger der telefonische oder virtuelle, der uns Zufriedenheit und Wohlbefinden bringt. Wir sind auf ein enges soziales Netz angewiesen, das uns positiv beeinflusst – das bedeutet konkret, akzeptiert und angenommen zu werden, ohne eine Gegenleistung zu erwarten.

Oft sind es nicht die Erlebnisse selbst, sondern die Gemeinschaft mit geliebten Menschen, die uns positiv in Erinnerung bleiben. Es sind diese Erfahrungen und Erinnerungen, die ein Leben im Nachhinein glücklich erscheinen lassen und aus denen wir Zufriedenheit und Geborgenheit schöpfen. In diesem Licht müssen wir die Menschen in unserem Bekanntenkreis mit großer Vorsicht auswählen. Viele Menschen schaden uns, ohne dass wir es merken oder sie es merken. Man spürt es vielleicht, aber man merkt es nicht unbedingt. Anders ist es, wenn man Menschen gefunden hat, die das Leben bereichern. Zeit ist dann am schönsten, wenn wir sie mit Menschen verbringen, die wir schätzen. Und dafür müssen wir uns bedanken. Sonst besteht das Leben nur aus Arbeit, Konsum und Medien. Wir sollten uns nicht an Güter oder Besitztümer binden, sondern an Menschen und nicht mit ihnen konkurrieren oder wetteifern. Diese Gruppenerfahrungen hängen eng mit unserer Selbstreflexion zusammen. Wir müssen unser eigenes Wesen kennen und es in Beziehung zu unserem aktiven Leben und zum Leben der Menschen in unserem Bekanntenkreis setzen. Wir können nur zufrieden leben, wenn wir die Unterstützung von Dritten haben, seien es Freunde, Familie oder Partner. Das Wesen der eigenen Persönlichkeit liegt nicht in der Abgrenzung von anderen Menschen und in der Isolation. Ziel sollte es sein, so lange wie möglich in menschlicher Gesellschaft zu leben. Menschsein definiert sich in diesem Sinne über den Willen und die Fähigkeit, Beziehungen zu anderen

Menschen aufzubauen, zu entwickeln und zu pflegen. Natürlich müssen diese Beziehungen gesund sein. Man darf seine Stimmung und Psychohygiene nicht von der Bewertung Dritter abhängig machen. Diese Bewertung kann man nicht kontrollieren. Wichtig ist nur, was man über sich selbst denkt. Wir lösen uns von vorgelebten Mustern, Erwartungen, Wegen und Arten und leben so, wie es unserer Natur entspricht und der Umwelt am wenigsten schadet. Gruppen, Moden und Strömungen soll man nur nach gründlicher Analyse folgen und sich nicht automatisch anschließen.

Raus aus den alten Denkmustern

Allzu schnell verlieren wir in unserer Umgebung unsere Würde. Wir müssen uns bewusst werden, worin diese Würde besteht, was sie ausmacht und wie wir sie bewahren. Wir müssen erkennen, wie wir uns selbst lächerlich machen könnten und wie wir dem entgegenwirken. Ein Würdeverlust kann zum Beispiel durch zu viel Authentizität geschehen. Zur Würde gehören Prinzipien und Grenzen, die man nicht überschreitet und auch nicht von anderen überschreiten lässt, auch nicht durch Kompromisse. Man definiert für sich rote Linien und hält sich ausnahmslos daran. Es sollten wenige rote Linien sein, aber konsequent nach innen und nach außen gelten. Man sollte seinen Prinzipien treu bleiben und sich nicht von Werbung, sozialem Druck, nicht angefragten Ratschlägen, Propaganda, Mode oder Medienhypes leiten lassen. Es geht darum, die Macht über sich selbst, über die eigenen Gedanken und Urteile zu behalten. Prinzipien, die einem wichtig sind, müssen vor Beschädigung geschützt werden. Man muss sich darüber im Klaren sein, wie weit man bereit ist, sich in seiner Würde zu verkaufen oder sie sich im Gegenzug für etwas Anderes nehmen zu lassen.

Es gibt keine Wirklichkeit im Sinne einer allumfassenden Bewertung. Es gibt nur eine, die unsere. Fakten im Sinne von Tatsachen, sei es z. B. der Verlust des Arbeitsplatzes oder eine Scheidung, interessieren sich nicht für unsere Bewertung und auch nicht für die Ursachen oder Gründe. Sie sind einfach da und wir müssen sie akzeptieren, ob es uns gefällt oder nicht. Selbstmitleid ändert daran nichts, es kostet nur Energie und schwächt das Selbstbild. Es gilt, aus diesem dysfunktionalen Muster auszubrechen und das Denken wieder auf eine positive Bewertung der Gegenwart auszurichten. Es ist ein Kardinalfehler, die Unzufriedenheit aus und mit der Vergangenheit auf die Gegenwart zu übertragen. Grübeln, das Leben in einer fiktiven Vergangenheit, hilft nicht weiter, sondern blockiert uns nur für Neues. Es ist tragisch, wie viele Menschen in der Vergangenheit verharren und damit wertvolle Lebenszeit vergeuden. Ein guter Umgang mit den Widrigkeiten des Lebens ist die absolute Akzeptanz der Gegebenheiten. Das Leben geht nun einmal bergauf und bergab. Es gibt keine Fairness, keine Gerechtigkeit, keine Moral, keinen allumfassenden Plan. Es herrscht der Zufall. Ohne das Negative gäbe es das Positive nicht. Eine unserer wirklichen Freiheiten liegt gerade in dieser Bewertung. Nichts, auch diese Bewertungen nicht, ist von Dauer, alles ändert sich, auch wenn es uns wichtig ist. Damit muss man sich schonungslos auseinandersetzen, sonst wird man früher oder später gnadenlos mit sich selbst konfrontiert. Sich selbst annehmen heißt, zu analysieren, wie es zum bewerteten Scheitern gekommen ist, und die Entscheidungswege und Fehlschlüsse zu erkennen, die dazu geführt haben, um sie schließlich zu vermeiden. Oft entscheiden wir zu schnell und mit zu wenig Informationen oder Wahlmöglichkeiten. Deshalb ist es besser, zunächst viel auszuprobieren, um herauszufinden, was man wirklich will. Dann konzentriert man sich auf die Dinge, die wirklich wichtig sind.

Fast alles in unserem Leben wird vom Zufall beeinflusst. Wenig geschieht wirklich durch eigenes Zutun. Wie unser Leben verläuft, wen wir treffen, welche Talente wir haben, welchen Bildungsstand wir erwerben, welchen beruflichen Erfolg wir haben, das ist meist Zufall. Wir können darauf nur wenig Einfluss nehmen. Die Folge ist, dass wir uns viel zu oft überschätzen. Aber die Welt geht auch ohne uns weiter. Wir teilen nur einen kleinen Teil der Zeit. Wir haben keinen Einfluss auf das Weltgeschehen. Der einzige Ort, an dem wir wirklich wichtig sind, ist unser eigenes Leben und unsere eigene Gedankenwelt. Das müssen wir demütig und dankbar akzeptieren. Danken wir also besser dem lieben Zufall, wenn er es gut mit uns meint, anstatt uns selbst für das Ergebnis verantwortlich zu machen. Das ist Hochmut und führt zu nichts. Die Konsequenz daraus ist einfach: Bescheidenheit, auch bei großen Erfolgen.

Die ständige Selbstanalyse der Gefühle beschäftigt viele Menschen. Unglaublich viel Energie wird darauf verwendet, herauszufinden, wie und warum wir gerade bestimmte Gefühle haben. Entscheidungen, die in einem bestimmten emotionalen Zustand getroffen werden, sind in der Regel schlechter als Entscheidungen, die mit Gleichmut getroffen werden. Gefühle sind trügerisch und nicht beständig, und viele sind einfach nur Unsinn. Sie kommen und gehen, ohne dass wir meist die Gründe dafür kennen. Wichtig ist in diesem Zusammenhang das Wissen um verborgene Verhaltensmuster. Was ist in der Vergangenheit ähnlich passiert, welche Muster gibt es? Ich denke, die menschliche Psyche wiederholt der Einfachheit halber Verhalten, das in der Vergangenheit funktioniert hat oder zumindest nicht sanktioniert wurde. Diese Muster, manche sagen auch Macken dazu, sollte man sich kritisch vergegenwärtigen. Dazu ist sich zu fragen, was einem selbst davon in der Zukunft weiterhin nutzen würde und was schaden könnte. Die Erforschung des momentanen Gefühls macht keinen Sinn. Es macht einen zum Spielball seiner selbst. Es bringt tatsächlich mehr, die Gefühle anderer Menschen lesen zu können, als die eigenen zu analysieren und kausal erklären. Für die eigene Zufriedenheit ist es besser, eine gewisse Skepsis, Distanz, aber auch Lockerheit gegenüber den eigenen Gefühlen, insbesondere den negativen, zu entwickeln und zu bewahren. Sie sollten nicht ausgeblendet oder ignoriert, sondern vielmehr kontrolliert und gesteuert werden. Die Selbsterkundung der Gefühle kostet Zeit und verstellt den Blick auf die eigenen Talente und Neigungen, weil alles für wahr gehalten wird. Zu viel Nachgrübeln bringt schlechte Laune, zu viele diffuse Ideen, zu viele Theorien. Die Ergebnisse sind eigentlich nur für einen selbst interessant. Andere interessieren sich weniger dafür. Außerdem führt die Selbstanalyse oft zur Selbstüberschätzung. Man entwickelt ein geschöntes Bild von sich selbst. Ein realistisches Selbstbild ist aber wichtiger, denn nur damit kann man sich verbessern und zu dem werden, der man sein möchte. Je weniger man sich selbst wichtig nimmt, desto einfacher ist das Leben. Man lebt unbeschwerter, denn die Orientierung nach außen kostet viel Aufmerksamkeit und Energie. Eine große Außenwirkung erfordert gleichzeitiges Wahrnehmen und Ausstrahlen von besonders positiv bewerteten Eigenschaften. Man trifft damit falsche Entscheidungen, weil sie nicht mehr aus einem selbst kommen, sondern aus der Selbsterhöhung. Man macht sich damit nur Feinde und Neider. Auch hier läuft es wieder darauf hinaus, dass man nichts tut, um sich über Dritte zu stellen, sondern nur der eigenen Wünsche und Bedürfnisse wegen handelt. Die Bewertung anderer Menschen sollte nie ein Grund sein, etwas zu tun.

Der Inhalt unseres Lebens

Die Menschen haben viel wichtigeres zu tun als einzukaufen. Für ein erfülltes Leben ist es wichtig, sich Ziele zu setzen und diese zu verfolgen. Diese Ziele sollten im Gegensatz zum Weg dorthin möglichst früh durchdacht, konkretisiert und entschieden werden. Damit ist nicht die allgemeine Sinnfrage im Sinne von: Wozu leben wir? etc. gemeint. Denn darauf gibt es leider keine Antwort. Es geht ganz konkret um die definierbaren Lebensziele: z. B. Kinder gut erziehen, Hobby X ausleben, berufliche Ziele Y erreichen oder Ähnliches. Persönliche Lebensziele erreicht man nicht, indem man sich einmal einen Masterplan überlegt und diesen starr verfolgt. Vielmehr muss man sich darüber im Klaren sein, dass der Weg dorthin ständig korrigiert werden muss, weil sich die Rahmenbedingungen ändern. Man kennt also das Ziel, muss aber auf dem Weg dorthin beweglich und flexibel sein. Diese Lebensziele sind entscheidend für die Perspektive, welche Optionen man hat, was man möchte, was möglich ist und vielleicht der einzige kleine Ansatz zur Klärung der Sinnfrage. Wenn man sein Ziel nicht kennt, ist kein Weg der richtige. Starrheit in den Zielen, Flexibilität im Weg dorthin bringt Lebenszufriedenheit. Die Frage, worin man seinen persönlichen Lebenserfolg erkennt, ist die wichtigste, die man sich stellen und beantworten muss. Dies ist sicherlich auch abhängig von der Zeit, in der man lebt, und Zeiten ändern sich. Was sich aber selten ändert, sind die grundlegenden Motive für den eigenen Lebenserfolg. Es muss klar sein, dass der Zufall einen wesentlichen Einfluss auf die Lebensziele und den Lebenserfolg hat. Erfolg an sich ist wiederum nur eine Selbsteinschätzung. Wenn man in dieser Bewertung flexibel ist, dann stellt sich auch der Erfolg und damit die Lebenszufriedenheit und Seelenruhe leichter ein. Bezieht man den Zufall in den Lebenserfolg mit ein, so bleibt einem eigentlich nur, sich auf das zu konzentrieren, was man beeinflussen kann, und darin zu versuchen, das Beste zu geben, was man eben hat. Auf die Ereignisse des Lebens und den Zufall sollte man mit Gleichmut und Gelassenheit reagieren. Widrigkeiten sollte man annehmen und zu lösen versuchen. Mit Lebenszielen sind auch nicht allgemeine gesellschaftliche Ziele gemeint, sondern die eigenen, die selbst gesteckten Ziele. Diese sollen die Loslösung von äußeren Zwängen und Verpflichtungen bedeuten und betreffen die ursprünglichen und unverfälschten Wünsche und Bedürfnisse eines Menschen. Diese zu erkennen, sich selbst zu erkennen und danach zu streben, ist die zentrale Lebensaufgabe, die jeder Mensch verfolgen sollte. Ein Streben danach bedeutet, sich in der Gegenwart von nicht notwendigen Gütern und Tätigkeiten zu trennen und sich auf die Relevanz für das gesteckte Ziel zu konzentrieren. Der Mensch braucht ein Ziel genauso wie Luft und Nahrung. Das Erreichen von Lebenszielen steht in engem Zusammenhang mit der allgemeinen Lebenszufriedenheit. Diese Ziele bestimmen unser Leben und erfordern, wie auch immer sie beschaffen sein mögen, eine Planung, Orientierung und ständige Korrektur des

Weges zu den konkreten Lebenszielen. Diese Inhalte müssen im Sinne der Ziele gestaltet werden. Sie sind das einzig wirksame Mittel gegen Lethargie und Langeweile, die den unreflektierten Konsum wesentlich bedingen.

Der Lebensstil eines erfolgreichen Lebens konstruiert eine Gegenwart, die im nächsten Moment zur Vergangenheit wird, sodass wir in der Zukunft rückwirkend zufrieden sein können. Das führt zu der entscheidenden Frage, was Leben eigentlich ist. In einem neuen Denken ist Leben das aktive und bewusste Agieren und Reagieren auf zufällig entstandene oder gezielt herbeigeführte Gelegenheiten. Es ist eine Verknüpfung von Zeitpunkten, die bestenfalls positiv bewertet werden. Das bedeutet eine ganz bestimmte Sicht der Wirklichkeit. Realität ist in dieser Interpretation eine selbst geschaffene Welt von Ideen, Themen, Meinungen, Einschätzungen, Empfindungen und möglichst vielen positiven Bewertungen. Natürlich braucht man dazu auch das Negative, denn ohne das eine gibt es das andere nicht. Aber das Negative sollte kontrolliert und als nicht so schlimm bewertet werden. Ohne Inhalte ist unser Leben leer, sinnlos und farblos. Leider ist es das Ziel unserer Wirtschaft, genau diesen Zustand zu erreichen und die entstehenden Lücken mit ihren Waren, bzw. dem Müll, den sie uns im Tausch gegen unsere Zeit verkauft, zu füllen. Inhalte entstehen aber durch Erfahrung, Bildung, Wissen und den Austausch mit anderen Menschen. Das muss der Hauptinhalt sein.

Man sollte sich auch davor hüten, Meinungen zu Themen zu entwickeln, über die man nicht viel weiß, denn dann kann man sie nicht begründen und ist angreifbar. Wenn man eine Meinung hat, sollte sie fundiert sein. Wenn sie nicht fundiert ist, ist es besser, keine Meinung zu haben. Man bildet sich oft vorschnell eine Meinung und versucht diese zu bestätigen, vor allem bei komplizierten Themen. Im Allgemeinen überschätzt man sein Wissen und sein Verständnis. Tatsächlich aber ist unser aller Wissen sehr begrenzt. Lieber übernehmen wir einfach die Meinungen unserer Bezugsgruppe. Diese Meinungen sind dann oft Ideologien oder Dogmen. Diese verengen aber unseren Horizont, lassen uns Inhalte ungeprüft übernehmen und führen zu unüberlegten Entscheidungen. Diese Ideologien sind allerklärend, unwiderlegbar und vernebelnd. Wir müssen uns darüber im Klaren sein, dass die Welt für uns einfache Menschen nicht in ihrer Gänze begreifbar ist. Man darf sich auch nicht vorschreiben lassen, was einen interessiert. Das muss aus einem selbst kommen. Man sollte kein unnötiges Wissen anhäufen. Unnötig bedeutet in diesem Zusammenhang, dass es einen nicht interessiert oder zu dem man keinen Bezug hat. Denn die Relevanz der Inhalte ergibt sich allein aus der Bedeutung, die wir ihnen im eigenen Kanon der Vorstellungen, der Neugier und der gesteckten Ziele beimessen. In einem solchen Leben sind wir nicht Zuschauer oder Konsumenten, sondern freie Geister und Denker. Zentrale Leitmaxime ist die Fokussierung der Aufmerksamkeit auf konkrete Inhalte. Diese Aufmerksamkeit gilt es, im Wirrwarr der Ablenkungen, der Wünsche und der Umwelt zu bewahren, denn sie ist nicht teilbar. Man kann sie in einem bestimmten Zeitpunkt nur einmal nutzen. Aufmerksamkeit und Konzentration auf das Wesentliche sind das Wichtigste für das Gelingen des Lebens. Es ist die Fähigkeit, zwischen Neuem und Relevantem zu unterscheiden. Man lebt in der Aufmerksamkeit, die man gerade schenkt. Sie bringt oder nimmt Befriedigung. Man sollte anderen Menschen oder Medien nicht die Macht geben, darüber zu verfügen. Man muss mit der Aufmerksamkeit bewusst und auch geizig umgehen. Man darf sich nicht ablenken lassen durch die Verfolgung von Dingen, die einem vielleicht einen kurzen Reiz geben, der aber nach kurzer Zeit wieder verflogen ist. Entscheidend ist, woran man gerade denkt und worauf der Fokus und die Aufmerksamkeit gerichtet sind. Es ist ein gutes Hilfsmittel, sich immer wieder still zu fragen, ob man gerade den richtigen Fokus hat. Wir unterliegen oft der Illusion, dass gerade das, was im Fokus ist, auch das Wichtigste sei. Dessen kann man sich nicht entziehen. Deshalb muss man den eigenen Fokus beherrschen und damit steuern, was wichtig ist. Das Große und Ganze ist das Entscheidende und eben nicht Kleinigkeiten, die gerade versuchen, unseren Fokus zu stehlen. Wir können unseren Fokus bewusst manipulieren, indem wir Unwichtiges ausblenden und ignorieren. Wir denken dann besser an das, was wichtig ist. Alles andere verliert dadurch an Relevanz. Der Sinn, mit dem wir unsere Zeit gestalten, darf nicht durch

Wunscherfüllung oder reine Triebbefriedigung verschlissen werden. Wir dürfen den Kompass nicht verlieren, der uns die Richtung zu den verschütteten geistigen Reichtümern unseres Lebens weist. Und das sind ganz konkret unsere Bildung, unsere Vernunft, unsere Ziele und unsere reinen Gefühle. Diese Reichtümer gehen schnell in der unnötigen und gesellschaftlich geschaffenen Komplexität verloren. Um zu uns selbst zu finden, bedarf es einer bewussten Suche nach Einfachheit oder einer bewussten Beeinflussung unseres Lebens in Richtung Einfachheit. Diese Vereinfachung des Lebens erreicht man durch freiwillige Selbstbeschränkung im Materiellen, durch Konzentration auf das für einen selbst definierte Wichtige und durch Zufriedenheit mit dem Status Quo. Gleichzeitig bedeutet es eine geringe Wertschätzung für alles Unwichtige und ein konsequentes Nein-Sagen zu allem, was man nicht will. Unsere Gesellschaft läuft jedoch einer einfachen Lebensweise, die uns Zufriedenheit bringt, entgegen. Vieles, was uns begegnet, ist unnötig, unbrauchbar, irrelevant und sollte ignoriert werden. Sehr wenig ist wirklich wichtig, wertvoll oder gar lebensnotwendig. Wenn man das merkt oder sich nicht sicher ist, sollte man die bestimmte Sache einfach weglassen. Je einfacher und damit selbstzufriedener wir leben, desto eher sind wir psychisch gesund. Wir entwickeln eher eine klare Sicht der Dinge und schärfen unseren Verstand. Ein einfaches Leben ermöglicht uns ein besseres Gedächtnis und schafft die Voraussetzung für eine eigene Spiritualität und innere Ausgeglichenheit. Ein einfaches Leben bedeutet konkret, sich materiell zu beschränken und sich von Problemen fernzuhalten, es sei denn, sie betreffen für einen selbst sehr wichtige Bereiche. Die eigenen Ziele sind vorausschauend zu planen und konsequent umzusetzen. Es ist nicht das Grübeln, die Selbstanalyse oder das Nachdenken, das die Welt verändert. Es ist das konsequente Umsetzen von selbst getroffenen Entscheidungen. Es ist eine absolut notwendige Erkenntnis, dass es besser ist, Probleme zu vermeiden, als sie zu lösen. Bei jeder zu treffenden Entscheidung muss eine Worst-Case-Betrachtung angestellt werden, was im schlimmsten Fall passieren könnte. Die Faktoren, die zu diesen Worst-Case-Szenarien führen, sind zu vermeiden, sofern man Einfluss darauf hat. Es ist also besser, sich auf die Fehlervermeidung auf dem Weg zum Ziel zu konzentrieren. Der Erfolg stellt sich dann von selbst ein.

Die richtige Priorität der Lebensinhalte erkennt man an der Dauer und Intensität, die sie in den Gedanken einnimmt. Dabei wird deutlich, dass Wünsche und Bedürfnisse oft so vergänglich sind wie Spuren im Sand. Sie verändern sich, verschwinden oder verlieren an Intensität. Solange ein und derselbe Wunsch einen Menschen nicht über einen längeren Zeitraum beschäftigt und zu einem stetigen Verlust an Lebensqualität führt, kann man ihn getrost vergessen. Die Erfahrung lehrt auch, dass Wünsche und Bedürfnisse nie ganz erfüllt werden können. Ein kleiner Rest bleibt immer unerfüllt. Viele unserer Wünsche werden sich leider nicht erfüllen. Je mehr Befriedigung wir uns erhoffen, desto höher sind unsere Ansprüche und desto eher werden wir enttäuscht. Eine niedrige Anspruchshaltung an die Dinge und eine schnell eintretende Befriedigung helfen uns gegen Enttäuschungen und weiterwachsende Wünsche. Menschliche Bedürfnisse und Wünsche sind viel weniger auf Güter fixiert, als wir glauben und als uns eingeredet wird. Ein gutes Mittel dazu ist, bei jedem Wunsch oder Bedürfnis das Unangenehme, also den Aufwand oder die Kosten, vorwegzunehmen. Nehmen wir wieder das Auto als Beispiel. Bevor ich mich für einen Autokauf entscheide, spiele ich im Kopf durch, wie viel Zeit ich für den Gelderwerb brauche und was während der Zeit des Autobesitzes passieren kann. Ich denke dabei an die vielen Überstunden im Büro für das Ansparen oder die Kreditabzahlung. Ich denke an den Aufwand, das richtige Auto, eine Versicherung und Weiteres auszusuchen und es anzumelden. Ich denke an den Aufwand des täglichen Parkplatzsuchens, die Staus, mögliche Unfälle, an Strafzettel, an Polizeikontrollen, an Beschädigungen, an Reparaturen, etc. Ich nehme gedanklich die Kosten und den Aufwand vorne weg. Am Ende dieser Überlegungen bewerte ich, ob mir all dieser Aufwand für den Autokauf wert ist und entscheide dann.

Ähnlich ist auch der Genuss zu betrachten. Ein neues Denken erkennt das Mitgift der Evolution an, dass man unbegrenzt genießen möchte , kontrolliert und mäßigt dieses Erbe. Man stellt die aktuelle positive Bewertung des gerade erlebten Genusses in den Mittelpunkt der Bewertung und gibt sich damit zufrieden, ohne gleich mehr davon zu konsumieren. Viele gleichzeitige oder wechselnde Sinneseindrücke verstärken angeblich den Genuss. Es wird uns eingeredet, dass wir so viel wie möglich genießen sollen. Wir müssen aber erkennen, dass es auf das Optimum und nicht auf das Maximum ankommt. Die Qualität und nicht die Quantität des Genusses ist entscheidend. Epikur beschreibt diese Gratwanderung treffend, wenn er sagt, dass Genuss dann gegeben ist, wenn es keinen Schmerz gibt oder der Geist ruhig ist. Konkret kann man durch Essen, Sexualität, Natur, Gemeinschaft, Wissen und Sport genießen. Genuss darf aber nicht zur Gewohnheit werden, sonst geht er verloren. Es gibt zwei grob unterscheidbare Orientierungen in unserem Leben: die Suche nach Sinn und die Suche nach Genuss oder Vergnügen. Wenn man sich zu sehr auf das eine konzentriert, nutzt es sich ab. Man muss also beides verfolgen, wobei meiner Meinung nach das Streben nach Sinn, also dem Lebensziel, im Vordergrund stehen sollte.

Unsere Gewohnheiten bestimmen unser Leben. Wir müssen sie intensiv beobachten, analysieren und erkennen. Wir müssen uns auch sehr genau überlegen, welchen Beitrag sie zu unserem Wohlbefinden leisten. Welchen Mehrwert bringt uns eine bestimmte Gewohnheit und rechtfertigt sie den Konsum? Das hilft uns, unsere Gewohnheiten auf einen nachhaltigen und gesundheitsfördernden Lebensstil auszurichten. Wir sollten diese positiven Gewohnheiten pflegen und weiterentwickeln, damit sie unser Leben prägen und uns wirklich Freude bereiten. Zu viel Gewohnheit lässt das Leben unflexibel werden und führt uns in einen Automatismus, der in Unzufriedenheit endet. Die Devise lautet, sich von starren, unreflektierten Gewohnheiten zu verabschieden, die uns und unser Leben negativ beeinflussen. Stattdessen sind Gewohnheiten anzustreben, die uns nicht schaden und uns Wohlbefinden und Mehrwert bringen. Im Mittelpunkt steht dabei unsere Gesundheit. Sie ist die Grundlage und das Hauptziel unseres Lebens. Sie ist entscheidend dafür, dass wir unsere Freiheit genießen und uns geistig weiterentwickeln können. Unser Handeln, unsere Wünsche und Bedürfnisse müssen auf körperliche und seelische Gesundheit ausgerichtet sein. In dieser Konsequenz hat nur das einen Wert, was der Gesundheit und dem eigenen Geist dient. Verzicht, Bewegung und Naturverbundenheit sind die Grundlagen dafür. Diese Fokussierung löst unsere Verwirrung und innere Spannung. Damit kann das ebenso wichtige Streben nach Ruhe, Muße und Entspannung verbunden werden, was ebenfalls dem Ziel der Gesundheit dient. Meditation, Yoga oder Musik sind dafür bewährte Instrumente.

Ein besonders wichtiger Aspekt ist dabei die Ernährung. In unserer Fast-Food-Gesellschaft ist der sinnliche Genuss beim Essen weitgehend verloren gegangen. Für ein gesundes und genussorientiertes Leben muss der Fokus auf gutes Essen gelegt werden. Die Qualität muss sehr gut, der Geschmack natürlich und der Preis irrelevant sein. Auch die Art der Ernährung trägt zum Wohlbefinden bei. Schade, dass unverarbeitete und natürliche

Lebensmittel immer mehr von den Tellern verschwinden. Das freut die Medizinbranche und die Lebensmittelindustrie, aber nicht uns. Es gilt, die Gesamtmenge an Lebensmitteln zu reduzieren, sich auf Rohkost zu konzentrieren und Lebensmittel mit wenigen Bestandteilen den verarbeiteten Lebensmitteln vorzuziehen. Feste Essenszeiten in einer ruhigen Umgebung ohne Nebentätigkeiten unterstützen das Wohlbefinden. Die Lebensmittel sollten möglichst regional, saisonal, ohne Zwischenhändler, fair gehandelt und ökologisch sein.

Ebenso gilt es, die eigene Neugier zu bewahren und auch Neues auszuprobieren, um den eigenen Horizont der kleinen Freuden zu erweitern. Diese kleinen Freuden finden sich vor allem auch in der Gemeinschaft. Alles spricht dafür, die eigene Wohnung zum Anziehungspunkt für Freunde und Bekannte zu machen. Gemeinsames Feiern und Essen bedeutet Lebensqualität und hat ein enormes Potenzial für Erinnerungen und ein reiches Leben. Zu einem solchen Leben gehören auch kulturelle Angebote. Diese sind dann nicht mehr zwangsläufig an Anschaffungen, Dienstleister oder Experten gebunden.

Letztlich entwickelt man Alternativen zum millionenfach gelebten Standardleben und baut sich ein alternatives, auf sich selbst abgestimmtes Leben. Dieses neue Leben stellt einen neuen Alltag dar, den wir mit Freude und Wertschätzung leben. Fester Bestandteil dieses Alltags ist das Lernen, die Entdeckung neuer Dinge, die Entwicklung der eigenen Kompetenzen, die Aufrechter-

haltung der Motivation und die Erweiterung des Wissens und Könnens.
Lärm und Berieselung belasten unser Leben in hohem Maße. Wir müssen das Grundrauschen um uns herum stoppen und endlich zur Ruhe kommen, um die Basis für unsere weitere Entwicklung zu legen. Nur so sind konzentriertes Denken und Kreativität möglich. Nur durch äußere Ruhe finden wir zur inneren Seelenruhe. Dafür sollten wir im Privaten bleiben. Öffentlichkeit und Rampenlicht schaden und gefährden gerade diese Ruhe. Im privaten Leben ist das Leben ruhig, beständig und ausdauernd zu gestalten sowie das Gehetztsein und das Beschäftigtsein zu reduzieren. Diese Eigenschaften bringen Produktivität. Medienabstinenz und -diät sind geeignete Mittel, um die Gehirnwäsche zu stoppen und uns der Unterhaltungsdroge zu entziehen. Die Dauerberieselung mit Werbung, Unterhaltung und suggerierten Vorbildern hört dann auf.
Daraus folgt auch die Reduktion an Information. Nicht jede Nachricht ist auch eine Information. Eine Information wird eine Nachricht erst durch den Bezug zu unserem Leben. Eine Kompetenz, Nachrichten zu erfassen und daraus für uns relevante Informationen herzuleiten, ist zu entwickeln. Sie besteht aus der Kompetenz, zwischen Tatsache und Meinung, Information und Unterhaltung sowie zwischen empirischem Beweis und theoretischer Spekulation zu unterscheiden. Diese Kompetenz ist unserer geistigen Emanzipation ungemein förderlich, da wir die Welt der Ab-

lenkung, in der wir leben, von unserem Leben abkoppeln. Grundziel ist, dass wir aktiv unser Handeln und Denken entwickeln. Passivität, sprich unreflektierte und nicht kritisierte Aufnahme von Bildern, Nachrichten und Unterhaltung verwandelt das Leben in eine Dauerlüge. Diese Art von Dauertrance hat weite Teile unserer westlichen Gesellschaft erfasst und sie als weitverbreitete Seuche in einen Dornröschenschlaf versetzt. Es geht letztlich hierbei um die Erkenntnis, dass virtuelle Erfahrungen nur das Abbild realer Erfahrungen sind und nicht durch reale Erfahrungen mit möglichst vielen Sinneseindrücken ersetzt werden können. Es geht um Erleben und nicht um Zusehen.

Von der Einsicht zum Denken

Neues Denken strebt nach einem Leben in einfachen, unkomplizierten Verhältnissen. Eine gesunde Askese kommt diesem Denken nahe. Es handelt sich jedoch um eine moderne Askese, die vernünftig und maßvoll die Grundbedürfnisse des Menschen befriedigt und ihr Wesen in der Anhäufung von Wissen, in der Pflege der Gedanken, in neuen Bekanntschaften und in der Suche nach neuen geistigen Horizonten findet. Diese Askese vermeidet das Übermaß an Wunscherfüllung, Medien, Konsum und Einflüssen und erlaubt das, was man wirklich braucht. Sie schafft Raum zum Leben und schenkt als Belohnung das Gefühl des Genug, das zur Zufriedenheit führt. Sie schützt uns vor all den Dingen, die wir vielleicht nicht kennen, aber auch nicht wissen müssen und nicht brauchen. Sie gibt uns Zeit, uns zu fokussieren und zu konzentrieren. Sie bedeutet das Streben nach höheren und intensiveren Bewusstseinsebenen durch Selbstgenügsamkeit. Daraus folgt das Loslassen aller nicht wirklich wichtigen Dinge, Beziehungen und Gewohnheiten.

Dieses Denken ist selbstentwickelt und selbstgesteuert, individuell und vielleicht auch ein wenig sonderbar im Hinblick auf die bisher verbreiteten allgemeinen gesellschaftlichen Normen. Denken ist hier die Summe von subjektiven Vorurteilen, Illusionen, Bewertungen und Meinungen. Das neue Denken ist auf das eigene psychische Wohlbefinden und die geistige Zufriedenheit ausgerichtet. Man entwickelt und pflegt seine Meinung, erkennt Manipulationsversuche, stärkt seine Willenskraft, baut Selbstdisziplin auf und emanzipiert sich von der suggerierten gesellschaftlichen Meinung. Der Gedanke an Geld und materiellen Gewinn ist dabei schädlich, weil er uns automatisch in die alten Denkweisen zurückführt und unsere weitere Reifung behindert. Eine Selbstkontrolle der eigenen Reaktion auf äußere Reize ist notwendig. Das bedeutet, dass man nur dann sein eigenes Leben mit selbstdefinierten Inhalten führen kann, wenn man sich selbst Wünsche verweigert oder aufschiebt. Die wahre menschliche Entwicklung liegt in der Reifung, in der geistigen Spiritualität, in der Beherrschung und Akzeptanz der Emotionen, der Intellektualität, der Reflexion und der Vernunft. Reife ist hier zu verstehen als würdevolles Altern, direkte Beziehungen zu anderen Menschen und geistige Aktivität. Wenn wir danach streben, entwickelt sich automatisch eine neue Bewertungsperspektive, Freude als Wertmaßstab und Zufriedenheit, welche die soziale Dimension unserer Wirtschafts- und Lebensstruktur verändern kann. Das bedeutet, die eigenen Unzulänglichkeiten und Grenzen im Verständnis der Zusammenhänge zu erkennen und sie überwinden zu wollen. Es geht um das Erkennen, Aktivieren, Verbessern und Ausschöpfen der eigenen Potenziale im Sinne von körperlichen, geistigen oder kreativen Fähigkeiten und Talenten. Es geht um Handeln, das durch Denken begründet und durch aktives Tun dargestellt wird. Das Reden tritt in den Hintergrund. Reden heißt dann nur noch mitteilen, was wir denken, fühlen und glauben. Das Haben und der von außen definierte Status spielen in dieser Sichtweise keine Rolle mehr. Die Lebensereignisse dienen hier als Lehrstück für den tatsächlichen Erfolg oder Misserfolg im Licht der eigenen Lebensplanung, für das, was man sich vorgenommen hat. Der Lebensraum, der Alltag und die Lebensumstände sollen so gebaut, gestaltet und beeinflusst werden, dass man sich entwickeln, wachsen, gut leben und zufrieden werden kann. Der Alltag ist dann keine Last mehr, die es mit irgendwelchen unwichtigen Inhalten zu füllen gilt. Er ist dann unser Leben, das leere Blatt Papier, das wir jeden Tag neu füllen können. Die Konsequenz ist eine Wende zu einem bewussten und wahrgenommenen Leben.

Seinen eigenen Weg zu finden und danach zu leben, mit all seinen Besonderheiten, Eigenarten und Macken, ist ein gelungenes Leben. All dies geschieht fernab von Status und Image. Ein erfülltes Leben kann man nicht kaufen, sondern nur durch Reife und Erfahrungen selbst entwickeln. Der Beitrag von Erlebnissen hin zu Zufriedenheit wird allgemein unterschätzt, der von materiellem Besitz überschätzt. Wir können unsere Identität nicht durch Besitzen aufgeben oder verändern. Wir sind, was wir denken, sagen und vor allem tun. Wir sind absolut nicht das, was wir haben oder vorgeben zu sein. Unsere Identität liegt in dem, was wir selbst schaffen und erreichen, gepaart mit einem hohen Maß an Selbstgenügsamkeit. Das bedeutet, sich selbst genug zu sein, nicht im Sinne von Einsiedelei, sondern indem wir gut mit uns selbst zurechtkommen. Andere Menschen bereichern dies, bedingen aber nicht die eigene Zufriedenheit in diesem Zustand. Es geht darum, die eigene Souveränität wiederzuerlangen, was durch eigene Entscheidungen, mentale Disziplin, eigenes Lernen und eine positive Bewertung dessen, was um einen herum geschieht, erreicht werden kann. Durch diese mentale Disziplin erlangt man Sicherheit, Identität und Selbstvertrauen. Die Identität des Menschen fragt danach, was er von sich selbst erwartet, welchem Moralkodex er sich unterwirft, was er erreichen will und wie er sich selbst sieht. Der Weg zur eigenen Persönlichkeit führt über die eigene Motivation, sich selbst übertreffen zu wollen und alles dafür zu tun.

Auch das Selbstwertgefühl muss von materiellen Dingen gelöst werden. Ein intensiv denkender und sich selbst gegenüber ehrlicher Mensch erkennt, dass Materielles und Zerstreuung die Leere nicht überbrücken, sondern verstärken. Vielmehr rückt die Befriedigung der metaphysischen Bedürfnisse in den Mittelpunkt. Je mehr der Mensch reflektiert und je mehr er zur Mündigkeit gelangt, desto weniger braucht er Besitz.

Die geistige Disziplin bringt eine Verbesserung der Stimmungshygiene mit sich und betont die Bedeutung der geistigen Spiritualität. Spiritualität bedeutet in diesem Zusammenhang eine bewundernde, geduldige, unvoreingenommene und offene Wertschätzung der Welt und eine gesunde Distanz, um bei sich selbst zu bleiben. Sie bedeutet eigene Rituale und für sich selbst gültige allgemeine Glaubenssätze, also Theoreme, die nicht in Frage gestellt werden. Diese Glaubenssätze helfen massiv, die langfristigen Ziele zu verfolgen. An diesen Glaubenssätzen orientiert man sich bewusst oder unbewusst. Spiritualität entsteht aus der Verbindung von Natur, Gemeinschaft und der eigenen Person. Sie bedeutet auch, einen für sich passenden Weg zu finden und sich auszudrücken,sei es durch Kreativität oder eben andere Mittel. Die dafür notwendigen örtlichen und zeitlichen Inseln müssen geschaffen werden und können sehr unterschiedlich sein.

Für die eigene Spiritualität ist die Dankbarkeit von entscheidender Bedeutung. Die Menschen haben die Dankbarkeit vergessen, für ihr Leben und für das, was es ausmacht. Wir müssen dankbar sein für die großen Dinge und für die vielen kleinen Dinge, die unser Leben ausfüllen, so unbedeutend sie auch sein mögen. Diese Dankbarkeit macht uns immun gegen Neid, Konkurrenz und Wettbewerb, die unsere asoziale Marktwirtschaft mit hervorbringt. Neid entsteht durch den Vergleich mit anderen Menschen, also besser nicht vergleichen! Neid entsteht durch die falsche Fokussierung auf das, was man nicht hat, oder was andere besser oder mehr haben. Neid muss erkannt und durch Rationalisierung versachlicht werden. Auch wenn man beneidenswert ist, ist es für die Lebenszufriedenheit besser, bescheiden zu bleiben und den Wohlstand und Reichtum nicht zu zeigen.

Das neue Denken definiert seine Hauptaktivität im Erwerb und in der Pflege von Wissen, Bildung, gesunden Beziehungen und einer positiven Bewertung. Dies geschieht durch Studium, Lesen, Lernen, Austausch mit anderen in kleinen Gruppen, z. B. Studien- oder Lesezirkel. Bildung ist die Grundlage für die eigene (subjektiv begründete) Meinung und Einstellung und damit entscheidend für die eigene Reife. Bildung und Erfahrung sind notwendige Voraussetzungen für Klugheit und Weisheit, die das neue Denken anstrebt. Beide Ziele, Bildung und Erfahrung, führen zu der Einsicht, dass die Wahrnehmung der Welt immer nur subjektiv sein kann, dass es eine Wahrheit nur für einen selbst und nur isolierte Einzelansichten geben kann. Tiefgründiges statt oberflächliches Wissen führt uns auf eine höhere Bewusstseinsebene. Wir müssen uns bewusst entscheiden, was wir wissen wollen. Wir stellen fest, dass breites, oberflächliches Wissen meist mehr Verwirrung als Aufklärung bringt. Der Transfer vom Wissen zur Bildung gelingt bislang nur wenigen. Dieser Transfer bedeutet das Erkennen von Zusammenhängen. Dies muss eingeübt werden, um ein vertieftes Wissen anzustreben, statt einer konsumähnlichen Berieselung mit Informationen. Entscheidend ist die Erkenntnis, dass alles irgendwann zu Abfall wird und uns letztlich nur Einsichten, Bildung und Erinnerungen bleiben. Die Ansammlung dieser Dinge ist entscheidend. Das muss unser Leben werden.

Wissen bedingt und begründet aktives Handeln. Ein reifer Mensch handelt aus sich selbst heraus, selbstgesteuert, zielgerichtet und begründet durch eigenes Wissen und Bildung. Es gilt, Motivation, Anlass und Sinn des eigenen Handelns zu erkennen, zu analysieren und gegebenenfalls anzupassen. Vorfreude und charakterlicher Wille, nicht äußere Bilder oder Zwänge, motivieren zu aktivem Handeln. Selbstzufriedenheit und Selbstwertgefühl sind unmittelbare Folgen aktiven, selbstgesteuerten Handelns. Die Herausforderung des neuen Denkens besteht darin, Einsichten in aktives Handeln umzusetzen.

Das Kernproblem bei vielen Menschen ist, dass Einsichten oft ohne Konsequenzen und aktives Handeln bleiben oder im Zuge von Gewohnheiten wieder verloren gehen. Dem gilt es entgegenzuwirken. Viele verharren in Denkwelten, Debatten oder Neidgefühlen, ohne aktiv etwas für die Verbesserung der (Lebens-)Zustände zu tun. Neues Denken sucht und erstrebt Freiheit. Mit zunehmender Reife erkennt man, dass Freiheit Ungebundenheit von Verpflichtungen, wirtschaftliche Unabhängigkeit, Zwanglosigkeit und Selbstbestimmung bedeutet. Der Weg dorthin führt nur über die Abkehr von den gesellschaftlichen Werten des Profits und des Wachstums. Je weniger wir Materielles brauchen, je weniger wir durch Arbeit oder andere Verpflichtungen fremdbestimmt sind, desto freier sind wir. Konsumeinschränkung ist ein Weg zu einem neuen Leben in Freiheit.

Von jeher bis heute sind Menschen auf der Suche nach dem, was man gemeinhin Glück nennt. Glück an sich ist so vielfältig wie nicht definierbar. Das neue Denken strebt nicht nach Glück, denn dieses Streben macht, wie in breiten Bevölkerungsschichten sichtbar, die Menschen gerade unglücklich. Das Streben nach Glück ist ein Irrweg. Das Streben nach Glück und die ausschließliche Konzentration auf die Zukunft lassen uns den Augenblick, das wirkliche Leben, verpassen. Ebenso verliert der Wunsch nach mehr Besitz das Gefühl für das Leben, das gerade stattfindet. Stattdessen müssen wir lernen, den Moment der Wahrnehmung als das wirkliche Leben zu schätzen. Das Leben und das Streben nach Zufriedenheit auf der Grundlage eines neuen Denkens sind dagegen genau der richtige Weg. Das macht unser Leben reich und erfolgreich. Gelungen bedeutet in diesem Zusammenhang, dass man von sich sagen kann, dass man genug hat. Genug Besitz, genug Austausch, genug Unterhaltung, genug Freunde, kurz: genug Leben.

Es bedeutet ein Leben, in dem nichts fehlt, nichts verbessert werden muss, ein Leben, das man einfach so genießen kann, wie es ist. Aber auch dies ist nur eine Einschätzung, die es anzustreben gilt, nicht ein bestimmter Zustand. Dazu bedarf es einer intensiven Pflege der eigenen Stimmungshygiene. Das Ziel unseres Lebens ist die Zufriedenheit und nicht das Glück in einem neuen Denken. Diese Zufriedenheit ist die Voraussetzung dafür, dass wir uns früher oder später glücklich fühlen. Zufriedenheit kann man als Mensch nur entwickeln, nicht erwerben.

Was mache ich daraus?

Ich arbeite an der Zufriedenheit durch die Gestaltung eines Lebens, das dieser förderlich ist. Die eigene Einschätzung, dass ich genug habe und genug bin, ist dabei entscheidend. Ich reduziere meine Wünsche und verbessere damit meine Zufriedenheit. Ich definiere meine Zufriedenheit und nicht mehr meinen materiellen Besitz als Maßstab für den Erfolg meines Lebens, sondern alleinig durch das Wohlbefinden. Ich richte alles auf meine Zufriedenheit und die Faktoren aus, die sie fördern. Meine Zufriedenheit ergibt sich aus der Art und Weise, wie ich Sachverhalte und Ereignisse verstehe und bewerte. Auch die Beziehungen in meinem Leben tragen viel zu meiner Zufriedenheit bei. Ich lerne aus meinem Leben und erkenne die verschiedenen Beiträge, die es zu meinem weiteren Verständnis und zu meinem Sein leistet. Ich motiviere mich selbst, indem ich versuche, mich in den Bereichen, die ich mir vorgenommen habe, zu übertreffen und neugierig zu sein und zu bleiben. Ich bin stolz auf das Erreichte und meine Reife, gebe mich aber nicht damit zufrieden. Ich versuche, nicht stehen zu bleiben, sondern mich weiterzuentwickeln, bis ich sterbe. Ich bemühe mich aktiv, das Erlebte und meine Erkenntnisse nicht zu vergessen, und erinnere mich an die Bewertung der Vergangenheit. Ich wehre mich gegen das Vergessen. Das hilft mir, in meinem jetzigen Leben den richtigen Maßstab zu behalten. Ich prüfe, ob ich in der Gegenwart, in der ich mich gerade befinde, meine Bewertung und mein Handeln anpassen muss. Ich lebe nach meinen Prinzipien und versuche, meinem Wesen treu zu bleiben. Ich führe ein erfolgreiches Leben, wenn ich mit meiner Art und meinem Charakter das erreiche, was ich brauche und mir vorgenommen habe. Ich halte mich von der oberflächlichen, mich negativ beeinflussenden und störenden Außenwelt fern, indem ich mich auf meine Reife und das Schaffen neuer Erkenntnisse konzentriere. Ich strebe nach einem kontemplativen Leben mit Ruhe, geistiger Spiritualität, materieller Askese, intellektueller Exzellenz und bereichernden Beziehungen. Das ist neues Denken. Das ist neues Leben. Für mich.

Literatur

Cecile Andrews
The Circle of Simplicity: Return to the Good Life
Harper Paperback, 1998

Benjamin R. Barber
Consumed: Wie der Markt Kinder verführt, Erwachsene infantilisiert und die Demokratie untergräbt
C. H. Beck Verlag, 2007

Zygmunt Bauman
Leben als Konsum
Hamburger Edition, 2009

Udo Beier
Der fehlgeleitete Konsum
Fischer-TB. Verlag, 1996

Neil Boorman
Good bye, Logo:
Wie ich lernte, ohne Marken zu leben
Verlag: Econ, 2007

Rolf Dobelli
Die Kunst des klaren Denkens: 52 - Denkfehler, die Sie besser anderen überlassen
Verlag Hanser, Carl, 2011

Duane Elgin
Voluntary Simplicity. Toward a Way of Life that is Outwardly Simple, Inwardly Rich
Harper Collins, 1981

Irving Fletcher
Vom haben zum sein
In: Schultz, Hans Jürgen: Was der Mensch braucht. Anregungen für eine neue Kunst zu leben
Kreuz Verlag, 1978

Erich Fromm
Haben oder Sein
Deutscher Taschenbuch Verlag, 2005

John de Graaf
Affluenza: Zeitkrankheit Konsum
Riemann Verlag, 2002

Walter Grasskamp
Konsumglück: Die Ware Erlösung
C. H. Beck Verlag, 2000

Richard B. Gregg
The Value of voluntary Simplicity
Pendle Hill, 1983

Joseph Heath, Andrew Potter
Konsumrebellen: Der Mythos der Gegenkultur
Rogner und Bernhard Verlag bei Zweitausendeins, 2005

Jeanne Hersch
Der Sinn für den Sinn
In: Schultz, Hans Jürgen: Was der Mensch braucht. Anregungen für eine neue Kunst zu leben
Kreuz Verlag, 1978

Naomi Klein
No Logo!
Chronik Verlag im Bertelsmann Lexikon Verlag, 2002

Kalle Lasn
Culture Jamming
Orange Press, 2005

Martin Lindstrom
Buyology: Warum wir kaufen, was wir kaufen
Campus Verlag, 2009

Herbert Marcuse
Versuch über die Befreiung
Suhrkamp Verlag, 1968

Alexander Meschnig und Mathias Stuhr
Wunschlos unglücklich. Alles über Konsum
Europäische Verlagsanstalt, 2005

Robert Misik
Alles Ware: Glanz und Elend der Kommerzkultur
Aufbau Taschenbuch, 2009

John Naish
Genug: Wie Sie der Welt des Überflusses entkommen
Bastei Lübbe, 2008

Jürgen Rausch
Ökonomie unserer Zeit
In: Schultz, Hans Jürgen: Was der Mensch braucht. Anregungen für eine neue Kunst zu leben
Kreuz Verlag, 1978

Wolfgang Schmidbauer
Weniger ist manchmal mehr Zur Psychologie des Konsumverzichts
Rowohlt, 1992

Alexander von Schönburg
Die Kunst des stilvollen Verarmens: Wie man ohne Geld reich wird
Rowohlt, 2005

Ernst Friedrich Schumacher
Small is Beautiful. A Study of Economics as is People Mattered
Stiftung Ökologie und Landbau, 1973

Eva Tenzer
Go Shopping! Warum wir es einfach nicht lassen können
Gustav Kiepenheuer Verlag, 2009

Wolfgang Ullrich
Habenwollen
Wie funktioniert die Konsumkultur?
S. Fischer Verlag, 2006

Autor

Hermann Ieland wurde Anfang der 80er Jahre im Norden von Baden-Württemberg geboren. Seine Schulzeit und den Zivildienst verbrachte er im so genannten Madonnenland, einer stark katholisch geprägten Region, die bis heute dem Madonnenkult huldigt. Sein Studium absolvierte er in Franken und Nordrhein-Westfalen. Dazwischen verbrachte er zwei Auslandssemester in Südspanien. Heute ist er Manager und Führungskraft in der Industrie und lebt in Süddeutschland.

Schon während seiner Schulzeit interessierte er sich besonders für Philosophie, Geschichte und Literatur. Insbesondere die antike griechische und römische Philosophie weckten damals sein Interesse. Im Laufe der Zeit verlagerte sich sein Interessenschwerpunkt auf die praktische Philosophie, d.h. auf Einsichten und Erkenntnisse, die sich auf unsere Gegenwart beziehen lassen und konkret im Alltag anwendbar und umsetzbar sind. Es ist ihm ein besonderes Anliegen, philosophische Inhalte auch jenen Menschen näher zu bringen, die nicht die Chance hatten, in Schule oder Studium etwas darüber zu erfahren. Dabei ist ihm wichtig, dass Wissen, Einsichten und Erkenntnisse immer einen erkennbaren Nutzen für den Menschen im Sinne einer Verbesserung des Lebens haben.